기다림

탕자들, 그리고 그들을 사랑하는 사람들

기다림

탕자들, 그리고 그들을 사랑하는 사람들

기다림
탕자들, 그리고 그들을 사랑하는 사람들

지은이 · 루스 벨 그래함
옮긴이 · 강창근
초판 1쇄 찍은날 · 2003년 8월 25일
초판 1쇄 펴낸날 · 2003년 8월 30일
펴낸이 · 김승태
출판본부장 · 김춘태
편집, 교정 · 공유나
표지디자인 · 이쥴희
등록번호 · 제2-1349호(1992. 3. 31)
펴낸곳 · 예영커뮤니케이션
      110-616 서울 광화문 우체국 사서함 1661
      출판유통사업부 T. (02)766-7912 F. (02)766-8934
        E-mail: jeyoungsales@chollian.net
      출판사업부 T. (02)766-8931 F. (02)766-8934
        E-mail: jeyoungedit@chollian.net

ISBN 89-8350-249-5   03230

값 7,500원

■ 잘못 만들어진 책은 언제든지 교환해 드립니다.

기다림

탕자들, 그리고 그들을 사랑하는 사람들

예영커뮤니케이션

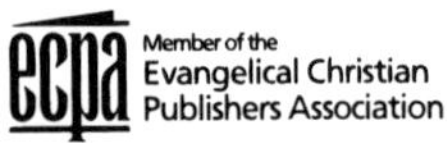

사람이 집을 떠나면, 집으로 다시 돌아갈 때까지
방황하는 삶을 살게 된다.

– 윌리엄 블랙스톤 경

당신들은 아침에 잠에서 깨어 일어나면서
악몽으로부터 벗어나는 것이 아니라
악몽을 향하여 가는 것이다.

– 어느 탕자의 어머니

북 플로리다(North Florida)의 따뜻하고 온화한 저녁이었다. 파도는 우리가 묵고 있는 호텔 밖 하얀 모래사장에 부드럽게 철썩이고 있었고, 우리가 저녁을 먹으러 나가려고 옷을 입을 때 야자수 잎사귀들은 호텔 창문에 부딪치며 바스락거리고 있었다.

엄마는 유명한 의학 기관의 영예로운 행사에서 인터뷰를 하기로 되어 있었다. 인터뷰를 하는 동안 엄마는 중국에서 보낸 어린 시절, 북한에서 보낸 고등학교 시설, 또 우리 아버지인 빌리 그래함(Billy Graham)과의 결혼, 그리고 그 후의 결혼 생활에 대해 많은 질문을 받았고 대답했다. 그녀는 엄마로서 보낸 세월들에 대해 이야기했고, 그때 그녀가 가졌던 어려움과 기쁨에 대해서도 토론을 했다. 그 어려움에는 주로 아버지가 설교하는 일 때문에 집에 없었던 때가 많아서 힘든 결정들을 혼자서 내려야 했던 상황들이 포함되어 있었다. 탕자들과 그들의 문제를 다룰 때에는 그런 어려움에서 벗어나기 위해 그들이 보내야 했던 시간들에 대해서도 나눔의 시간을 가졌다.

저녁 식사 후, 많은 사람들이 솔직한 고백과 마음을 열고 나눔의 시간을 가졌던 것에 대해 감사의 인사를 하려고 엄마에게 왔다. 나는 그때 옷을 잘 차려 입은 한 고상한 여인이 벽에 기대서서 엄마에게 이야기할 기회를 얻기 위해 기다리는 것을 보았다. 그녀는 긴장하고 있음이 역력했으며 눈물을 흘리지 않으려고 애쓰고 있었다. 많은 사람들이 다 가고 난 후, 그 여인은 주저하며 겁이 난 표정으로 엄마에게 다가왔다.

“제 아들은 약물 과다 복용으로 죽었어요.”

그녀는 굉장히 힘들게 말했다.

“제가 그 아이를 천국에서 다시 만날 수 있을까요?”

엄마는, 자세한 내용은 모르지만, 자기 앞에 무척이나 무거운 마음을 가지고 있는 듯한 한 어머니를 보았다. 엄마는 대답했다.

“만약에 말이에요. 당신이 어느 날 겁에 질려 문 두드리는 소리를 들었다고 합시다. 그리고 그 소리가 멍들고, 상처투성이이며, 피 흘리고 있으며, 더럽기 한이 없고, 너덜거리는 누더기를 걸친 당신 아이가 두드리는 소리인지 알기 위해서 문을 열었을 때, 당신은 어떻게 하겠습니까? 그 아이 앞에서 문을 닫아 버릴 것입니까? 아니면 문을 활짝 열고 그를 당신의 품에 안으시겠습니까?”

갑자기 이 어머니의 얼굴에는 안도의 빛이 돌았다. 그녀의 뺨으로 눈물이 흘러내릴 때 나는 그녀의 어깨에서 무거운 짐이 내려지는 것을 보았다. 왜냐 하면 그녀는 자기가 지금 탕자의 엄마의 마음을 아는 한 어머니로부터 이 말을 듣고 있다는 것을 알았기 때문이다. 그들은 서로 포옹했고 그녀는 돌아서서 많은 사람 속으로 사라져갔다.

엄마는 탕자들을 잘 알고 있다. 그리고 이 책은 엄마의 인생 가운데 자신의 탕자들이 그녀의 사랑과 보살핌으로부터 도망쳤을 때, 오직 하나님만이 그들을 보살필 수 있었던 그 시절에 하나님으로부터 받았던 많은 위로를 그리고 있다.

이 책에 있는 이야기들과 읽을거리들은 탕자들과 교제하고 그들의 문제를 다루고 있는 딸인 나에게도 큰 도움이 되었다.

당신을 위하여 … 우리 모두를 위하여 쓰인 이 책을 읽어 내려가는 동안 위로와 힘을 얻고, 용기와 희망을 갖게 되기를 바란다.

지지 그래함 치비지안
(Gigi Graham Tchividjian)

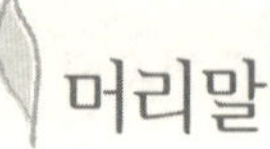 머리말

탕자들은 에덴 동산만큼이나 오래된 존재이기도 하고, 앞으로도 계속 다음 날 신문의 머릿기사로 날 만큼 새로운 존재이기도 합니다. 어떤 이유에서인지 이들은 항상 십대 소년으로 생각되어 왔습니다. 그러나 이들 탕자들은 성별, 민족, 연령 혹은 인종으로 국한되지 않습니다.

이들에게는 한 가지 공통점이 있습니다. 즉, 이들은 집을 떠났고, 또 이들을 애타게 기다리는 사람들이 있다는 것입니다.

저는 사랑하는 탕자가 돌아오기를 애타게 기다리고 있는 사람들과 함께 위로와 확신을 나누고자 합니다. 이 위로와 확신은 수년 동안의 기다림 속에서 얻어진 것입니다.

이 책에는 수록되지 않았지만 방탕아들이 하나님께로 돌아온 또 다른 이야기들은 유명하든 그렇지 않든 간에 저에게 큰 용기를 주었습니다. 특별히 하나님의 주권에 관한 성경 말씀은 저에게 다시 한 번 확신을 주었습니다. 궁극적으로 하나님께서는 주권적으로 간섭하십니다.

오랫동안 성도들이 부른 찬송가들은 또 얼마나 큰 능력을 주는지 모릅니다.

저는 제가 지은 몇 편의 시를 이 책에 첨가했습니다. 이 시들을 통해서 그 당시 제가 느꼈던 감정들을 표현하고자 노력했습니다.

모든 것들이 저를 도왔지만, 가장 큰 도움은 하나님의 약속으로부터 왔습니다. 존 번연 (John Bunyan)의 말처럼 여러분들에게 용기가 필요할 때는 하나님의 약속을 생각하시기 바랍니다.

이 책을 읽는 중에 바로 여러분 자신을 위해서 쓰였다고 생각되는 곳을 발견하시기를 바랍니다.

폭풍우

위협적으로 쾅쾅대는 천둥소리는 아직 멀리 있었다. 그러나 냇가에 있는 전나무와 침실 창문과의 사이에 있는 떡갈나무와 소나무에서 부는 바람으로 보아서 곧 폭풍우가 몰아칠 것을 알 수 있었다.

나는 평생토록 폭풍우를 좋아했다. 그것은 내가 어린 아이일 적에 폭풍우가 칠 때마다 항상 튼튼하게 지은 집안에서 안전하게 있었고, 그럴 때일수록 엄마 아빠가 가까이 계셔서 절대로 아무 일도 일어나지 않을 것이라는 확신을 가졌었기 때문이다.

바람이 세차게 불고, 갑자기 천둥소리가 머리 바로 위에서 울렸다. 나는 곧 조그만 발자국 소리가 총총걸음으로 다가오는 것을 들을 수 있었고, 방안에 누가 들어왔음을 느꼈다. 그리고 "엄마!" 하며 속삭이는 소리를 들었다. 그것이 전부였다.

천둥 치는 소리의 정도에 따라서 하나 혹은 몇 명의 아이들이 잠옷 바람으로 이불을 젖히고 슬며시 잠자리 속으로 들어왔다. 우리들은 이불 밑에서 다정하게 둘러앉아 아무 무서움 없이 천둥 치는 소리를 듣곤 했으며, 주변이 다시 조용해지면 우리들은 잠 속으로 빠져들었다.

이 아이들 모두가 각자의 인생에서 폭풍우 같은 문

제들에 부딪치며 살아간다는 것을 알았을 때, 나는 깨어 있어서 이 아이들과 함께 그 문제들을 나눌 수 있기를 원했다. 아무도 없는 밤에도 마치 나는 누군가가 "엄마!" 하며 속삭이는 소리를 듣는 것같이 느낄 때가 있다. 이런 때 나는 먼 곳에서 울리는 천둥소리 역시 느낀다. 그리고 이런 순간에 내가 할 수 있는 것은 기도뿐이다.

탕자

"또 가라사대 어떤 사람이 두 아들이 있는데 그 둘째가 아비에게 말하되 아버지여 재산 중에서 내게 돌아올 분깃을 내게 주소서 하는지라 아비가 그 살림을 각각 나눠 주었더니 그 후 며칠이 못 되어 둘째 아들이 재물을 다 모아 가지고 먼 나라에 가 거기서 허랑방탕하여 그 재산을 허비하더니 다 없이한 후 그 나라에 크게 흉년이 들어 저가 비로소 궁핍한지라 가서 그 나라 백성 중 하나에게 붙여 사니 그가 저를 들로 보내어 돼지를 치게 하였는데 저가 돼지 먹는 쥐엄 열매로 배를 채우고자 하되 주는 자가 없는지라 이에 스스로 돌이켜 가로되 내 아버지에게는 양식이 풍족한 품꾼이 얼마나 많은고 나는 여기서 주려 죽는구나 내가 일어나 아버지께 가서 이르기를 아버지여 내가 하늘과 아버지께 죄를 얻었사오니 지금부터는 아버지의 아들이라 일컬음을 감당치 못하겠나이다 나를 품꾼의 하나로 보소서 하리라 하고 이에 일어나서 아버지께로 돌아가니라 아직도 상거가 먼데 아버지가 저를 보고 측은히 여겨 달려가 목을 안고 입을 맞추니 아들이 가로되 아버지여 내가 하늘과 아버지께 죄를 얻었사오니 지금부터는 아버지의 아들이라 일컬음을 감당치 못하겠나이다 하나 아버지는 종들에게 이르되 제일 좋은 옷을 내어다가 입히고 손에 가락지를 끼우고 발에 신을 신기라 그리고 살진 송아지를 끌어다가 잡으라 우리가 먹고 즐기자 이 내 아들은 죽었다가 다시 살아났으며 내가 잃었다가 다시 얻었노라 하니 저희가 즐거워하더라 맏아들은 밭에 있다가 돌아와 집에 가까웠을 때에 풍류와 춤추는 소리를 듣고 한 종을 불러 이 무슨 일인가 물은대 대답하되 당신의 동생이 돌아왔으매 당신의 아버지가 그의 건강한 몸을 다시 맞아들이게 됨을 인하여 살진 송아지를 잡았나이다 하니 저가 노하여 들어가기를 즐겨 아니하거늘 아버지가 나와서 권한대 아버지께 대답하여 가로되 내가 여러 해 아버지를 섬겨 명을 어김이 없거늘 내게는 염소 새끼라도 주어 나와 내 벗으로 즐기게 하신 일이 없더니 아버지의 살림을 창기와 함께 먹어 버린 이 아들이 돌아오매 이를 위하여 살진 송아지를 잡으셨나이다 아버지가 이르되 얘 너는 항상 나와 함께 있으니 내 것이 다 네 것이로되 이 네 동생은 죽었다가 살았으며 내가 잃었다가 얻었기로 우리가 즐거워하고 기뻐하는 것이 마땅하다 하니라"(눅 15:11-32).

하나님은 당신의 자녀들에게
자유 의지를 주셨다

　"아버지, 나는 아버지의 단순한 기독교 신앙을 더 이상 따를 수가 없을 것 같아요." 어느 목사님의 아들이 휴일을 맞아 대학에서 집으로 잠시 돌아왔을 때, 풋내기 학자의 확신에 찬 거만한 태도로 그의 아버지에게 말했다.

　아버지의 검은 눈동자는 루이스(C. S. Lewis)의 표현대로 "자신의 지적인 영역에 대한 무지함 속에서 길 잃은 아들"을 스쳐보았다.

　그리고 그 아들에게 말했다.

　"그것은 네 자유다. 너의 무서운 자유란다."

　　　　　　　－ 친구 집에서 저녁 식사 때 듣게 된 이야기

차례

서문 / 머리말

폭풍우 ● 탕자 ● 하나님은 당신의 자녀들에게 자유 의지를 주셨다

5장 저는 탕자의 어머니로 준비되지 않았습니다
(지지 그래함 치비지안) 149

하나님의 임재를 필요로 하다/죄책감이 찾아오다/툴리안 이야기/후기

탕자를 사랑하는 사람들을 위하여

● 실패와 좌절은 우리를 더 유익하게 한다

● 하나님의 자비는 광대하시네 ● 나에게 더 많이 말해 주세요

● 자녀를 위한 기도 ● 광풍이 불었네 ● 우리의 실패들

● 하나님의 사랑 ● 오 신실하신 주

● 맡겨진 일을 다하는 것은 우리의 의무이고,
  행사를 주관하시는 분은 하나님이시다

● 두려운 일입니다 ● 나의 양 떼를 살피소서

● 하나님은 우리의 탄식을 들으신다

● 신앙심 깊은 아버지와 잘못된 길로 나간 세 아들

● 나를 믿음에 굳게 잡아매소서 ● 교회의 성도들을 위한 어느 주교의 기도

● "나로 건너가게 하소서"라는 모세의 기도 ● 주님, 더욱 어려운 일입니다

1장 아우렐리우스 어거스틴

아우렐리우스 어거스틴

"당신들은 간구하는 모든 것들이 하나님께서 정하신
범주 내에서 허락되고 있다는 것을 보지 못하는가?"
- 요아힘 네안더(Joachim Neander), 1680

어떤 위대한 사람이 있어서, 단지 그가 우리의 역사 속에 태어나 살았고, 생각했으며, 그 생각을 이야기했다는 이유만으로 인간 역사의 주요 흐름이 달라지게 된 예는 그리 많지 않다. 그리고 그런 위대한 인물 또한 극히 드물다. 그러나 성 어거스틴은 이러한 위대한 인물 중의 하나이다.

인간적인 견지에서 볼 때, 이런 결과를 가져올 수 있었던 것은 그의 어머니의 독실한 신앙에서 비롯한 불굴의 사랑 때문이다. 나는 개인적으로 위대한 인물인 성 어거스틴보다 그 어머니 모니카로부터 더 많은 도전을 받았다. 신앙이 뒷받침된 어머니 모니카의 아들에 대한 사랑은, 어거스틴이 어느 누구의 간섭도 받지 않고 집을 떠나 길에서 방황할 때도 늘 그를 따라다녔다. 그녀는 자식을 천국 문으로 이끌기 위해 그 아들 대신 천국 문으로 가는 모진 고통을 감수했다. 나는 그녀에게서 용기와 영감이 새롭게 솟아나는 힘의 근원을 발견하곤 한다.

어거스틴은 인간 역사에 있어서 위대한 교량적 인물이다. 크리스토퍼 도슨(Christopher Dawson)은 그의 저서 『성 어거스틴과 그의 시대』에서 어거스틴을 다음과 같이 소개했다.

"그는 다른 어떤 제왕이나 난폭한 정치 지도자보다 훨씬 더 높은 강도로 역사의 흐름을 주관하였고, 낡은 시대에서 새로운 시대로 접어드는 다리를 건설하였다." [1]

대영박물관 왕정도서관 한쪽의 조그만 방에는 AD 354년부터 430년까지 살았던 어거스틴에 대한 전시품들이 있다. 이 전시품들은 주로 그의 작품의 원본들과, 중세 암흑 시대 때의 것부터 17세기 학술적인 목적으로 처음 발간된 것까지 여러 사본들로 구성되어 있다. 이것들로부터 우리는 어거스틴이 신앙의 시대에 얼마나 큰 명성을 누렸었는지를 알 수 있다.

어거스틴의 작품들은 8세기에서부터 12세기까지 쓰인 다른 어느 작가의 작품보다 폭넓게 읽혀 왔다. 그의 책들은 심지어는 중세 후반기에도 끊임없이 뛰어난 사람들에 의해 재발견되었다.

'마음으로 마음에 하는 말' 이기 때문에, 어거스틴은 멸망하는 로마 제국 시대에 살았던 사람들에게 강하면서도 부드럽게 말했던 것만큼 우리가 살아가는 이 시대의 사람들에게도 같은 어조로 이야기한다. 오늘날 이 시대를 향해 말해야 할 위대한 마음이 있다면 그것은 어거스틴의 큰 가슴이며, 그 큰 마음을 필요로 하고 있는 마음들이 있다면 그것은 바로 우리들의 조그맣고 놀란 가슴이다.

그러나 어거스틴의 초반의 삶은 그가 후에 위대한 신앙의 목소리가 될 것이라는 사실과는 거리가 있어 보였다. 그는 지금은 알제리로 알려져 있는 타가스트(Tagaste)라는 조그만 마을에서 태어났다. 그리고 그가 십대가 되었을 때 그의 가족은 카르타고(Carthago-로마에 속해 있는 북아프리카의 한 지역)로 이사를 갔다.

어머니의 헌신

어거스틴의 헌신적인 어머니 모니카는 그녀의 젊은 아들을 위해 열심을 다해 기도하면서 그를 가르쳤다. 그는 무척 총명했는데, 나중에 청년이 되어 이교도 교리와 비도덕적 삶으로 인해 기독교 신앙을 내어 버렸을 때에는 오히려 그의 총명함이 어머니를 무척 근심시켰다.

나중에 그는 다음과 같이 썼다.

"나는 사랑의 선명한 빛과 욕망의 어두움 사이를 분간할 수 없었습니다. …나는 우정이 영혼과 영혼을 엮어 주는 빛의 세계에 계속 머물러 있을 수 없었습니다. 나는 우정이라는 맑은 시냇물을 욕망이라는 오물로 오염시키고 말았습니다." [2]

그의 죄의 내용은 우리의 죄와는 다를지 모른다. 그에게는 오랜 기간 동안 정부(情婦)가 있었고, 또 그 사이에서 태어난 사생아도 있었다. 그럴지라도 어거스틴의 이야기는 오늘을 살아가는 우리들의 이야기이다.

"육체의 감각이 살아날 때 우리는 어김없이 신앙을 잃게 됩니다. 이 위험한 순간, 다시 말하면 우리의 본능이 본능적으로 행동하려고 할 때, 거의 모든 경우에 우리의 영적 분별력은 희미해지거나 아니면 완전히 없어져 버립니다. 한 젊은이를 하나님으로부터 등지게 하는 것은 그의 이성이 아니라 그의 육체적 욕망입니다. '무신론' 은 이런 경우 그 청년의 새로운 삶에 아주 좋은 핑곗거리가 됩니다." [3]

방종한 젊은이의 세상적 향락

어거스틴은 한번 들어선 향락의 길에서 돌아설 수가 없었다. 그는 무엇이든지 도중 하차하는 법이 없었는데, 이 방종한 젊은이는 향락 세계에서도 최선을 다했고 학교 다닐 때처럼 일등이 되고자 했다. 그는 그의 친구 사이를 휘저으면서 그들을 자신의 방탕한 세계로 끌고 갔고, 나중에는 반대로 그들이 그를 끌고 다녔다.

어거스틴이 회상한 바에 의하면 그때에도 어머니는 기도했지만 그에게는 아무런 변화도 일어나지 않았다.

"지금 나는 나의 쓰라린 기억 속에 남아 있는 과거의 가장 부도덕했던 행실을 회상하며 과거에 좋아했던 일들과 내 영혼의 관능적 타락을 돌이켜봅니다. ―지금 그런 일들이 그리워서가 아니라, 나의 하나님, 당신을 사랑하기 때문입니다. 나를 향하신 당신의 그 사랑을 내가 사랑하기 때문입니다.― 그러면 당신은 나를 부드럽게 대하십니다(당신의 은혜로우면서도 확신에 찬 부드러움은 실패하는 법이 없습니다). 내가 선하신 당신을 떠나 있는 동안 나는 조각조각 찢어졌으나, 당신의 은혜로우심은 부도덕으로 찢어진 나를 다시 붙여 회복시켜 주셨습니다. 나의 삶은 복잡하게 뒤얽혔으며, …오만한 영혼에 대한 죄값인 죽음의 쇠사슬 소리에 귀먹었습니다. 나는 당신으로부터 너무 멀리 떠나 길을 찾지 못하고 헤매었으며 당신은 나를 그대로 내버려 두었습니다. 나의 삶은 내팽개쳐져서 낭비되고 있었고 황무하기만 했습니다. 나의 음란함은 물 끓듯이 끓어 넘치고 있었습니다. 그러나 하나님은 내가 나중에 참된 기쁨을 갖게 되도록 하기 위해서 침묵하고 계셨습니다. 나는 카르타고로 이사했고, 거기서 부끄러운 음행이 끓는 기름과도 같이 거품을 내며 일어났습니다." [4]

카르타고는 어거스틴의 삶에 대단한 영향을 주었다. 그 당시 한 청년이 타가스트(Tagaste)에서 카르타고(Carthago)로 간다는 것은, 지금 이 시대의 한 청년이 북 캐롤라인(North Carolina)의 조그마한 동네인 몬트리트(Montreat)에서 로스앤젤레스(Los Angeles)와 같은 대도시로 가는 것과 같은 의미였다. 사실 카르타고는 로마 제국의 다섯 개 대도시 중 하나였다.

지중해 서부 연안의 항구 도시인 카르타고에는 새로 만든 신작로와 새로 지은 집들, 신전들과 성곽들, 부두와 가지각색의 모양으로 옷을 입은 사람들이 도처에 있었다. 이 모든 것들은 타가스트에서 온 소년에게 놀라움과 함께 기쁨을 주었다. 그에게 남아 있는 촌스러운 시골티도 카르타고에서 완전히 벗겨졌다.

어거스틴은 17세부터 28세까지 이곳에서 살았다. 그는 마니교(페르시아의 이원적 종교)를 포함해 카르타고가 주는 모든 것에 빠져들었다.

어거스틴은 그때의 캄캄했던 나날들과 그를 위하여 끊임없이 중보 기도한 어머니를 다음과 같이 회상했다.

"거의 9년 동안이었습니다. 이 시간을 나는 깊은 진흙 구렁텅이, 즉 '마니교' 라는 잘못된 종교의 어두움 속에서 뒹굴며 살았습니다. 그러나 같은 시간에 신앙심 깊고 순결하고 온전한 한 미망인은… 자신의 헌신적 사랑을 한 순간도 그치지 않았으며, 슬퍼하면서 하나님께 내 문제를 내어놓았습니다. 그녀의 기도는 하나님께 상달되었습니다. 그러나 하나님 께서는 나를 여전히 그 어둠 속에 그대로 두기를 허락하셨습니다." [5]

그는 또 하나님께서 어머니에게 모든 일이 합력하여 선을 이룬다는 것을 보여 주셨고, 어머니 자신을 얼마나 위로하셨는지 회상하였다. 우선 하나님은 어머니에게 환상을 보게 하셨다.

"그녀는 자기 자신이 나무로 된 저울 같은 것 위에 서 있는 것과 한 청년이 빛을 발하며 그녀에게로 다가오고 있는 것을 보았습니다. 그 청 년의 얼굴에는 기쁨이 가득하였고, 그녀를 보고 미소짓고 있었습니다. … 그는 그녀에게 무엇 때문에 그토록 슬퍼하며 매일 눈물을 흘리는지 물었고, 그녀는 아들이 지옥으로 떨어지는 것 때문에 슬퍼한다고 대답하 였습니다. 그는 그녀에게 마음을 편하게 진정시키라고 말했습니다. 그리고 '당신이 있는 바로 그곳에 나도 있습니다.' 라고 하며 앞에 무엇이 있는가를 바라보라고 하였습니다. 그녀는 자신이 서 있는 저울 같은 것 위에 나도 나란히 서 있는 것을 보았습니다." [6]

어머니 모니카는 마니교에 빠진 아들에 대해 결사적이었다. 기독교 교리를 잘 알고 있는 한 주교를 찾아가서 자신의 아들을 만나 잘못된 부분을 말해 줄 것을 간청했다. 그러나 그 당시 어거스틴은 웅변가와 변증론자로서 명성이 대단했기 때문에 주교는 원기 왕성한 이 젊은이와는 감히 논쟁할 수 없었다.

그 주교는 어머니 모니카에게 예민한 성격과 예리한 비판력을 가진 사람은 마니교와 같이 교묘하지만 사람을 현혹시키는 교리에 계속 빠져 있을 수 없다고 분별력 있게 대답했다. 자기 자신을 예로 들면서, 그 역시 과거에 마니교를 믿었노라고 말했다.

그러나 어머니는 그에게 계속해서 눈물로 애원했다. 그러자 주교는 그녀의 끈질긴 태도에는 화가 나기도 했지만, 그 흘리는 눈물에는 감동 받아서 친절과 동정이 섞인 퉁명한 태도로 말했다. "자, 이제 그만 가 보세요. 그리고 지금처럼 지내세요. 눈물의 자식은 잘못되는 일이 없어요."

로마로 가다

29세가 되었을 때 어거스틴은 로마로 가기를 원했다. 그 당시 로마는 세계에서 가장 근사한 도시였으며, 지식의 터전이었고, 많은 사람들에게 우주의 중심지로 여겨졌다. 어머니 모니카는 그의 영적인 행복과 도덕적 생활을 염려하여 가지 말라고 끊임없이 말렸다. 그러나 그날은 왔고 어머니는 항구에서, 높이 솟은 돛대가 갑판 위에서 천천히 흔들리고 있는 배를 걱정스러운 마음으로 바라보았다. 몹시 더운 열기 아래에서 하루 종일 아들과 함께 그가 로마로 가는 배를 타기에 적당한 조수와 바람이 불기를 기다렸다.

어거스틴은 어머니에게 가까운 예배당에 들어가 시원한 곳을 찾아 휴식을 취하라고 말했다. 그녀는 너무 지쳐 있었기 때문에 그곳에서 금방 잠이 들었다. 새벽에 그녀가 깨어나 보니 배의 돛대 꼭대기가 보이지 않았다. 배는 떠나 버렸던 것이다.

어거스틴도 마음이 굉장히 무거웠다. 낮의 열기와 바다의 습기로 무거워진 공기의 무게보다 더 무거웠다. 그것은 그가 금방 어머니에게 저지른 거짓말과 잔인함 때문이었다. 그는 어머니가 잠에서 깨어나는 모습과 그녀가 느꼈을 슬픔을 마음속으로 그려 보았다. 그의 마음은 고통받았고 양심의 가책과 불길한 예감으로 짓눌렸다. 그는 나중에 다음과 같이 썼다.

"나는 어머니에게 거짓말을 했습니다. 내 어머니에게… 그리고 도망쳤습니다. 그날 밤 나는 몰래 떠나왔는데 막상 내가 떠나고 나니 어머니는 울면서 기도하지 않았습니다. 그러면 하나님, 그 동안 그녀가 나를 로마로 보내는 것을 허락하지 마시라고 기도했던 것 외에, 그 많은 눈물을 흘리면서 기도했던 것은 대체 무엇을 위해서였습니까? 하나님께서는 나를 로마로 보내지 마시라는 어머니의 간구를 들으시면서도 저를 떠나가도록 허락하심으로써 그때에는 어머니의 기도를 이루어 주시지 않으셨습니다. 그러니 어머니가 나를 위해서 드렸던 다른 기도를 이제 들어주셔서 저를 어머니가 간구했던 그 모습으로 변화시켜 주소서."[7]

집으로 돌아가는 길로 들어서다

어거스틴은 로마로 인도되었으며, 그곳에서 더 북쪽으로 가게 되었다. 그는 당시 가장 훌륭한 성직자였던 밀라노(Milan)의 교구장 성 앰브로스의 설교 말씀을 듣고 마니교를 완전히 떠나게 되었고, 다시 기독교 신앙을 연구하기 시작했다. 어느 날 그는 가슴 깊이 회개하며 다음과 같이 말했다.

"나는 어느 무화과나무 밑에 나 자신을 꿇어 엎드리게 했습니다. 폭포수와 같이 눈물이 흘렀습니다. 나의 이 많은 눈물은 당신께서 받으실 만한 산 제물이었습니다. 그리고 아주 똑같지는 않아도 다음과 같은 내용으로 하나님께 많은 것을 고했습니다. '하나님, 나의 주여. 언제까지 도대체 언제까지 나에게 노여워하실 것입니까? 끝까지 노를 품으실 것인지요? 제발 나의 과거의 죄를 기억하지 말아 주십시오.' 사실 나는 죄에 끌려 다녔다고 생각합니다. 나는 탄식의 기도를 올렸습니다. 도대체 언제 용서하실 것입니까? '이 다음에, 이 다음에?' 왜 지금 못 하십니까? 왜 지금 이 순간 나의 모든 더러움이 끝나지 않는 것입니까?

나는 무척이나 통회 자복하는 심령으로 하나님께 울면서 부르짖었습니다. 바로 그때 나는 옆집에서 여자 아이인지 남자 아이인지는 모르겠지만 어린아이들이 되풀이하며 노래하는 소리를 들었습니다. '집어들고 읽으세요, 집어들고 읽으세요. …' 나는 즉시 얼굴 표정을 바꾸고 저 노랫소리가 아이들이 놀 때 예사롭게 하는 노랫소리인지 아니면 저와 비슷한 노래를 옛날에 들은 적이 있는데 잘 기억이 안 나는 것인지를 곰곰이 생각해 보았습니다.

쏟아져 내리는 눈물을 그치고, 그 노랫소리를 책을 펴서 보이는 곳을 읽으라는 하나님으로부터 온 계시의 말씀으로 해석하고 나는 그 자리에서 일어났습니다.

부랴부랴 나는 내 친구인 알리피어스(Alypius)가 앉아 있는 곳으로 돌아왔습니다. 거기에 나는 사도들이 지은 성경책을 놓아 두었는데 그 책을 들고 펼쳐 보았습니다. 침묵 속에서 내 눈이 처음으로 닿는 곳을 읽어 보았습니다. '방탕하고 술 취하지 말라. 음녀에게 들어가지 말고 음행을 피하라. 분쟁하지 말고 시기하지 말라. 오직 너는 우리 주 예수 그리스도 안에 거하고 육체의 욕망을 위하여 준비하지 말라. …' 나는 더 이상 읽지 않았습니다. 더 이상 읽을 필요가 없었습니다. 이 구절의 마지막 부분을 읽자마자 그 즉시 어떤 화창한 빛이 내 가슴 속으로 들어왔으며 이로 인해 모든 의심의 먹구름이 완전히 사라졌습니다.

그리고는 나는 손가락을 그 페이지 가운데 끼웠었는지, 아니면 책갈피 같은 것을 끼웠었는지는 모르지만 무엇인가로 표시를 하고 책을 덮었습니다. 알리피어스는 평온하게 된 내 얼굴을 알아차렸습니다. 또 그는 나에게 자기 속에서 어떻게 하나님께서 역사하셨는가를 보여 주었습니다. 나는 그 일에 대해 전혀 몰랐었습니다. 그는 내가 어디를 읽었는지 보기를 원했고, 나는 그에게 그 부분을 보여 주었습니다. 그는 내가 읽은 곳에서 훨씬 더 아래까지 읽었으며 나는 그 다음에 이런 말씀이 있는지를 미처 몰랐습니다. '믿음이 연약한 자여, 말씀을 받아라.' 라는 말씀이었습니다. 이 말씀을 그는 자기 자신에게 적용하면서 나에게도 보여 주었습니다. 이 말씀으로 그는 심령에 힘을 얻었고, 아무 주저함 없이 선한 목적을 위하여 결단을 내려 ― 이러한 행동은 자기 성격과 일치하는 것으로 좋은 의미에서 내 성격하고는 아주 다른 점입니다 ― 우리는 집으로 돌아가는 길에 함께 동행했습니다.

그리고 우리는 어머니에게로 갔습니다. 우리는 어머니에게 지금까지의 일을 순서대로 이야기했습니다. 어머니는 기뻐서 펄쩍펄쩍 뛰셨고 '우리가 간구하고 생각하는 것보다 더 많은 일을 하실 수 있는' 당신께 찬양을 드렸습니다. 왜냐 하면 어머니는 그녀가 항상 슬픔에 잠겨 애통하는 마음으로 나를 위하여 당신께 구했던 것보다 훨씬 많은 것을 그녀에게 주셨다는 것을 알았기 때문입니다." [8]

우리가 아는 바와 같이, 어거스틴은 주교로서 진리의 수호자로서 독실한 그의 어머니가 희망하고 간구했던 것보다 훨씬 더 그녀를 만족시켰다. 결국 집으로 돌아온 후 이 탕자는 오늘날까지도 굳게 서 있는 믿음의 집을 짓는 것을 도왔다. 말콤 머저리지(Malcolm Muggeridge)는 말했다. "신약성서의 빛은 로마 제국의 빛과 함께 사라지지 않고, 오히려 몰락하는 제국의 파편 속에 남아 기독교 세계라는 또 하나의 문명의 장을 여는 길을 비추는 빛이 되었다. 그리고 이것에 대해 어거스틴에게 크게 감사한다." [9]

이 땅에서 모니카의 사명은 완수되었다

모니카의 뒷이야기를 말하자면, 이 땅에서 그녀의 사명은 이제 끝났다. 어느 날 그녀는 어거스틴과 짧은 대화를 나눈 후, 자신은 더 이상 이 땅에서 살아야 할 이유가 없다고 말했다. 그녀는 평생 동안 아들이 예수께로 돌아오는 것을 보게 해 달라고 하나님께 간구했는데 이제야 그것이 이루어졌다고도 말했다. 그리고 그로부터 9일이 지난 후 이 세상을 떠났다.

"엄마, 이것 보세요." 나의 작은 아들이 흥분하며 말했다.

"저기 좀 보세요. 구름이 여러 조각으로 흩어지더니 한 조각은 길을 잃어버렸어요."

나는 골짜기 너머를 쳐다보았다. 정말로 지나가는 검은 폭풍 구름이 사라지듯이 흩어지고 있었고, 한 조각은 후미진 곳에서 길을 잃은 것같이 보였다.

수년 후 우리가 저 구름과 같고, 우리 중 한 사람이 길을 잃어버리게 될 날이 올 줄은 전혀 알지 못했다. 교장 선생님으로부터, 교감 선생님으로부터, 화가 난 선생님들로부터, 심지어는 경찰서로부터 오는 전화들을 받게 될 날들이 올 줄을….

당신을 등지며 날아가면서
그보다 앞서
날고 있는 당신을
보지 못하네.

자신의 인생 행로를 선택하면서
당신의 손이
가야 할 길을 가리키고 있음을
어찌 그가 알 수 있으리.

자유를 누린다고 생각하면서
－끝까지 자유롭다고－
당신의 손이
굳세게 붙잡고 있음을
그는 알지 못하네.

밤이 되어 숨기 위하여
어둠을 기다리면서
당신 안에서는
어둠도 빛과 같다는 것을
알지 못하네.

갈 곳을 찾아 헤매는
가련한 탕자여!
사람이 어찌 전능자로부터
벗어날 수 있으랴.

탕자를 사랑하는 사람들을 위하여

양 떼의 안전한 곳을 아는 사람들에게 

양들이 편안히 거하는 곳을
아는 이들이여
그곳은 따뜻하고 안전하며
목자의 돌보심이 있고
빗장으로 굳게 잠겨 있다네.
그러나 그들은
목자의 보호와 밝은 빛을 등지고
알지 못하는 것에 현혹되어
차가운 곳으로
어두운 곳으로
나가기를 선택했네.
밖으로 뛰쳐나가기를
간절히 원하여
목자를 벗어나
자신의 힘으로
물가로 나아왔네.

그리고 그 물가에서
자기 마음대로 마시며
살 수 있다고 생각했네.
주여! 주께서 치료하실 때까지
추위와 질병에 내버려 두소서
무서움을 알게 하시고
엉겅퀴와 잡초와 가시로 먹이소서
늑대들과 함께 있기를 선택한 양에게
늑대들이
길 잃은 가련한 양에게 주는
고통을 맛보게 하소서.
아! 그러나
그들의 몸은 찢겼을지라도
마음은 더 지혜롭게 하소서
그들이 아주 먼 어느 곳에서
헤매고 있을지라도
따라가소서
바라보소서
그리고 지키소서
제 마음대로 집 나간
어리석고 고집스러운 당신의 그 양을
그리고 언젠가는 집으로 다시 데려오소서.

끈기와 인내 

나는 어떤 사랑하는 사람의 이름을 적당하게 넣어 가며 시편 139편 7절에서 12절을 읽고 있었다. 갑자기 나는 이 말씀이 누가복음 15장에 나오는 길 잃은 양의 비유와 같은 메시지라는 생각이 들었다.

그와 같은 목자가 있는 한, 길 잃은 그 양은 위험한 재앙을 만나지 않았다.

우리 아들 프랭클린이 태어났을 때, 빌의 비서인 루번 구스타프슨은 까만 어린양 인형을 선물했다. 인형 속에는 조그만 카세트가 들어 있어서 테이프가 감기면서 "예수 사랑하심은…" 하는 찬송가가 흘러나왔다. 그 인형은 지금 내 방 책꽂이 위에 있으며, 그 옆에는 프랭클린이 진짜로 이스라엘에서 까만 어린양을 품에 안고 찍은 사진이 놓여 있다.

예정된 일이었을까? 아마도 그랬을 것이다.

위로를 받고 있는가? 종종 그렇다.

이는 연약한 인간으로서 전지 전능하신 하나님께 해결받고자 기도할 때, 끊임없이 간구해야 할 뿐 아니라 인내심을 가지고 구해야 한다는 것을 말해 준다. 언젠가 나는 그래야 하는 이유를 알게 될 것이다.

"만군의 여호와께서 맹세하여 가라사대 나의 생각
한 것이 반드시 되며 나의 경영한 것이 반드시 이루
리라 … 만군의 여호와께서 경영하셨은즉 누가 능
히 그것을 폐하며 그 손을 펴셨은즉 누가 능히 그것
을 돌이키랴"

— 이사야 14:24, 27

주여! 당신의 말씀을 확증하소서 

주여!

당신의 말씀을 확증하소서

하늘의 확실한 말씀을.

당신은 나에게 말씀을 주었고

나는 그 말씀을 나의 것으로 만들었습니다.

나는 그 말씀을 알기 위해 믿었습니다.

그런데 아직도 보이지 않습니다.

그를 향한 당신의 사랑으로

말씀이 이 세상에 왔건만

그는 여전히 방황하고

그의 마음에는 아직도

두려움이 들어설 자리가 있습니다.

오, 소망의 하나님

저 방황하는 자가 모든 소망으로부터

아득히 멀리 있을지라도

하나님의 약속은

결코 소멸하지 않으며

하나님의 위로는

결코 꿈같이 사라지는 것이 아닙니다.

— 에이미 카마이클(Amy Carmichael)

엄마인 나에게 필요한 몇 가지 조언

나는
격려하리라.
항상 대화의 문을 열고 있으리라.
엄마에게 거는 수신자 부담 전화를 허락하리라.
알게 하리라.
그들이 사랑받고 있다는 것과
집은 언제나 그들을 환영한다는 것을.
아이들이 예의바르게 내 의견에 반대한다면
이를 허락하리라.
(어떤 때는 아이들이 옳고 내가 잘못된 때도 있으므로)
도덕적인 것과 부도덕한 것들을
확실히 구별하도록 가르치리라.
격려하리라.

하나님과 문제 해결하는 것

어느 날 프랭클린은 "엄마, 마프락(Mafraq)의 요양소에는 랜드로버 하나가 꼭 필요해요."라고 말했다.

우리 큰아들 프랭클린은 어느 여행사에서 몇 년간 여름마다 로이 구스타프슨(Roy Gustafson)이라는 이사 밑에서 여행 안내원으로 일을 했었다. 그리고 그들은 관광객을 인솔하기 위해 여행할 때마다 요르단의 마프라크(Mafraq)에 있는 애너(Annor)결핵요양소를 방문하곤 했다.

그때 나는 '랜드로버' 라는 것이 방위를 위한 어떤 장비 같은 것인지 아니면 특별한 종류의 개 같은 것인지 전혀 알지 못했다. 그러나 곧 알게 되었다.

"요르단 군대가 와서 보고는 허락도 받지 않고 자기네 것이라고 가져갔어요."

"왜 그랬을까?"

"전쟁이 항상 있기 때문에 필요해서지요. 지금 그 병원에는 타고 다닐 수 있는 것이라곤 전혀 없어요. 수도 암만(Amman)에서 50마일 정도 떨어진 사막 가운데 있으면서 기동력이 없다는 것은 대단히 힘든 일이에요."

"도대체 그 랜드로버를 어디서 구할 수 있겠니?" 라고 아들에게 물어 보았다.

"런던에서 구할 수 있어요. 랜드로버는 사막을 다니기에 아주 잘 정비된 차예요."라고 아이는 대답했다.

"그래, 아버지가 오시면 말씀드려 봐야겠다."

빌(빌리 그래함 - 편집자 주)은 집에 와서 이 상황을 듣고는 그 일을 위해 무엇인가를 해야 한다는 생각에 동의했다. 그리고 시간을 오래 끌지 않고 이 일을 실천했다.

우리는 곧 영국에서 우리와 함께 오랫동안 일했던 진 윌슨(Jean Wilson)에게 연락을 취했다. 그녀가 과연 사막에서 탈 수 있도록 잘 정비된 랜드로버 한 대를 찾아 내 그 다음 월요일 아침까지 준비시켜 놓을 수 있을까?

그녀는 할 것이다. 그리고 정말로 그녀는 해내었다.

프랭클린은 벌써부터 자기가 런던으로 가서 그 차를 운전해 요르단까지 가겠다고 우리를 설득시키고 있었다. 이때 우리는 이런 경험은 그가 대학에서 한 학기를 잘 마치는 것보다 더 많은 이득을 줄 수 있다고 믿었다. 그는 대학 생활보다 이 일에 더 관심이 많았다.

그러나 그에게는 이 일을 같이 할 수 있는 유능한 동료가 필요했고, 우리는 그의 룸메이트였던 빌 크리스토발(Bill Cristobal)을 생각했다.

빌은 성인이 된 후 크리스천이 되었다. 그는 헬리콥터 조종사로서의 의무 수행을 위해 세 번이나 베트남에 간 적이 있다. 또 휴식도 취할 겸 선교사들도 도울 겸 해서 동남아시아에 간 적도 있었다. 빌은 순수하고 분별력이 있으며, 마음과 영혼과 정신과 힘을 다해 하나님을 사랑하고 이웃을 제 몸같이 사랑하는 믿음의 청년이었다. 빌은 충분한 자격을 갖춘 훌륭한 헬리콥터 조종사이며 헌신된 크리스천이었을 뿐만 아니라 고요한 확신과 삶의 기쁨이 빛을 발하는 청년이었다. 이 기쁨은 그가 종종 큰 소리로 웃을 때 밖으로 분출되곤 했다.

후에 그는 위클리프의 성경 번역 선교사들을 위한 비행에 자원 봉사로 참여하였다. 그러나 그는 임명받기 전에 자신이 베트남에 갔을 때 모아 두었던 돈으로 늙은 어머니에게 적당한, 안락한 집을 지어 드리기 위해 시간을 할애했다. 빌은 그런 사람이었다.

우리는 빌에게 학교를 한 학기 휴학하고 프랭클린과 같이 이 일을 위해 런던으로 갈 수 있는지 물어보았다. 그는 기꺼이 동의했다.

빌은 프랭클린을 잘 알고 있었다. 그가 영적인 일에 게으름을 잘 피우는 친구라는 것을 알고 있었다. 그래도 둘은 좋은 친구였다. 프랭클린은 빌의 능력도 좋아했지만 그의 성격을 훨씬 더 좋아했다.

월요일 오후 런던에서 랜드로버를 찾아서 주행 방향이 왼쪽으로 되어 있는 도로를 타고 도버까지 와서, 프랑스를 지나, 스위스, 오스트리아, 유고슬라비아, 그리스, 터키, 시리아, 레바논을 지나 다시 시리아로 가서 요르단으로 운전하며 내려와야 하는 프랭클린과 빌을 생각했을 때, 엄마인 나의 마음은 심란해졌다.

마음이 산란해서 정신을 집중할 수가 없었다. 그래서 나는 성경을 집어들고 예수께서 십자가에 못 박히시기 전 그의 제자들을 위하여 기도한 내용이 있는 요한복음 17장을 폈다. 나는 내 아들과 그 친구를 위해서 기도해야 할 필요가 있었고, 어떤 면에서 이 구절이 현재의 내 상황과 맞는다고 생각했다.

갑자기 요한복음 17장 19절이 생각났다. "또 저희를 위하여 내가 나를 거룩하게(구별, 헌신) 하오니 이는 저희도 진리로 거룩함을 얻게 하려 함이니이다"

이것은 우리 주님 자신이 기도하신 것이다. 나는 더 이상 피할 수 없었다. 정면으로 이 문제를 주님께 내어놓고 해결받아야만 했다.

하나님이 프랭클린과 그의 친구 빌 크리스토발을 위하여 역사하시기를 간구하기 전에 나는 이들을 위해 내 삶을 다시 주님 앞에 맡겨야 했다(빌은 현재 파푸아뉴기니에서 선교사로 활동하고 있다).

나는 "하나님, 당신께서 이 아이들을 돌보아 주세요. 나는 나 자신이 가지고 있는 내 삶의 문제들을 당신과 함께 해결해야 합니다."라고 기도했다.

하나님께서 어떤 사람의 삶 속에서 어떠한 일을 하시기를 간구하면서 그 일을 내 삶 가운데서는 행하시지 않기를 바라는 것은 진실하지 못하다.

그래서 그날 나는 빌과 프랭클린의 문제를 잠시 뒤로 두고 내 문제를 먼저 하나님과 해결했다. 내가 갖고 있던 무거운 짐은 사라졌고 평화가 찾아왔다.

랜드로버는 결국 우여곡절 끝에 마프라크로 갔고, 프랭클린과 빌은 그들이 필요한 곳(주로 건축 현장)이면 어디든지 도움을 주기 위하여 계속 머물렀다. 밤이 되면 프랭클린은 사막의 밤하늘에서 빛나는 별들 아래 지붕 꼭대기에서 잠을 잤다. 날씨가 좋지 않을 때에는 자기와 같이 일하는 무함마드

(Mohammed)라는 이름의 아랍인과 함께 차고에서 잠을 잤다.

무함마드는 매일 밤잠이 들 때까지 인내심을 가지고 프랭클린에게 아랍어를 가르쳐 주었다.

프랭클린은 일하면서 엘리너 솔타우(Eleanor Soltau)라는 여의사와 에일린 콜먼(Aileen Coleman)이라는 수간호사를 가만히 살펴보았다.

이 두 여성은 키가 6피트나 되는데 남자들이 지배하는 땅에서 일하는 용감한 여성들이었다. 이들은 진실한 크리스천들로서 의학적 기술과 한없는 동정심을 가진 사람들이었으며, 인생을 최대한 값지게 즐길 줄 아는 사람들이었다. 이들은 둘 다 자신들의 삶이 매일매일 그들을 보면서 일하는 한 미국 십대 소년에게 끊임없이 깊은 영향을 주고 있다는 것을 모르고 있었다.

그리고 그 미국 소년은 자라서 결국 요르단의 한 도시 마프라크에 있는 애너(Annor)결핵요양소 위원회 의장이 되었다.

들어주소서, 나의 주님

들어주소서, 나의 주님.

한 어머니의

나지막하고 적막한 기도를

제발 들어주소서.

그녀의 눈물이 말하는 것을

들어주소서.

무릎 꿇은 그녀의 마음을

보시옵소서.

그녀의 처진 어깨에서

무거운 짐을 들어내소서.

이 세상 모두를 손 안에 가지신,

그녀의 문제를 손 안에 가지신 당신을

바라보며 이해할 때.

인간의 나약함

16세기의 종교 개혁자가 어떤 사람에 대하여 이같이 말했다. "그 사람은 아주 좋은 목표를 가졌다. 그러나 그 목표를 짊어지고 나갈 어깨가 필요하다."

– 존 트랩(John Trapp)

"그게 바로 저예요. 저는 아내로서 또 엄마로서, 아주 좋은 목표가 있습니다. 그것은 아마도 이 세상에서 가장 좋은 목표일 것입니다. 그런데 그 목표를 이루려면 이를 짊어질 어깨가 필요해요. 그 일이 내 능력보다 크기 때문이 아니라 내가 그 일에 비해 크지 않기 때문이지요."

– 한 오래된 잡지에서

하나님께서 그의 위대하신 일을 당신의 연약한 손
에 맡기셨으니.
　　당신은 앞으로 한참 동안은 쉴 수 없을 것입니
다. 하나님께서 당신을 부르신 것을 무척 중요하게
생각해야 합니다. 나약한 인간이 강하신 하나님과
함께하기에.

－ 컬로스 부인이 스코틀랜드의 종교 개혁가
존 리빙스턴에게

내가 해야 할 부분은 내가 하고
하나님께서 하셔야 할 부분을
하시도록 하는 것

"사람이 여호와의 구원을 바라고 잠잠히 기다림
이 좋도다."

– 예레미야애가 3:26

나는 엄마로서 내가 해야 되는 일들을 성실과 인내
로써, 또 사랑하는 마음으로 기쁘게 한다. 그리고는 하
나님께서 그의 하실 일을 하시도록 묵묵히 기다린다.
"아, 지체하시는 하나님…"

– 영국 성공회 기도문 번역판 중

시편 27:18

그런데 하나님은 때때로 정말 지체하시기도 한다!

– 루스 벨 그래함(Ruth Bell Graham)

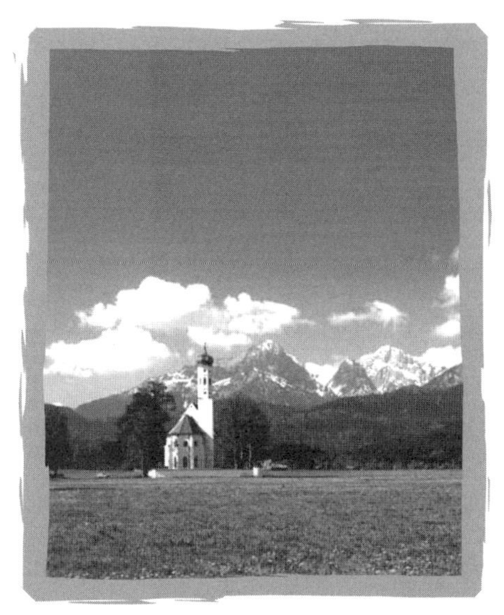

2장 존 뉴턴

-희망이 없는 사람은 아무도 없다.

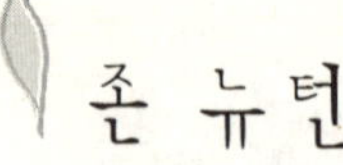

존 뉴턴

- 희망이 없는 사람은 아무도 없다.

"…여호와의 길은 회리바람과 광풍에 있고…"
- 나훔 1:3

250년이 지난 오늘날에도 여전히 "나 같은 죄인 살리신"이라는 찬송은 우리들의 마음을 움직인다. 그러나 이 찬송의 유래와 1700년대 그 찬송을 작사한 사람의 이야기를 아는 사람들은 많지 않다. 아주 깊은 죄악의 구렁텅이에 빠졌다가 하나님께 돌아옴으로써 어느 누구에게도 희망이 있다는 것을 보여 줄 수 있는 사람은 별로 많지 않다.

그녀의 삶은 6년밖에 남지 않았었다. 그러나 그녀 자신도 이 사실을 모르고 있었다. 그녀는 몸이 무척이나 쇠약했다. 건장한 해군 대령인 남편이 밖으로 나가자마자 그녀는 아들 존(1725년생)을 불러 함께 성경을 공부했다. 존 뉴턴의 어머니인 그녀는 육체적으로는 쇠약했지만 영적으로는 굉장히 강건하였다.

한나가 사무엘에게 했던 것처럼 그녀는 존을 철저히 가르쳤다. 그녀는 존이 어렸을 때부터 하나님의 말씀으로 가르쳤고, 또 그 말씀들을 사랑하도록 지도했다. 어떤 성경 말씀은 같이 외우기도 했고, 찬송가와 기독교 교리를 가르쳤으며, 그때마다 존은 열심히 따라했다. 그 나이의 다른 아이들과 달리 존은 노는 것보다 공부하는 것을 더 좋아했다. 그가 네 살 되었을 때, 그는 책을 아주 잘 읽을 수 있게 되었다.

그는 예리한 마음을 가졌으며 특별히 기억력이 아주 좋았다. 여섯 살이 되었을 때에는 이미 라틴어로 된 베르길리우스의 작품을 읽을 수 있었다. 후에 그는 다음과 같이 회상하고 있다. "내 어머니는 내 기억 속에 많은 것을 축적해 놓았습니다. 귀중한 글들, 성경 요절 말씀, 기독교 교리, 찬송가, 또 여러 편의 시들이 제 기억 속에 너무나 잘 저장되어 있었습니다. 하나님이 마침내 내 영적인 눈을 열어 주셨을 때, 내가 기억하고 있는 이 모든 것들이 얼마나 내게 큰 힘이 되었는지 알게 되었습니다." [1]

뉴턴의 어머니는 그가 목사가 되기를 바랐다. 그래서 어려서부터 그가 앞으로 걸어가야 할 길을 위해 훈련시키기 시작했다. 그녀의 이러한 기도가 응답되리라고는 아무도 예측하지 못했다.

존이 일곱 번째 생일을 맞기 바로 며칠 전에 어머니는 돌아가셨다. 그는 나중에 말하였다. "하나님의 계획은 우리 육신의 부모의 생각보다 훨씬 높은 차원에 있습니다. 하나님은 당신의 인내와 섭리, 또 은혜의 이례적 증거물로 삼기 위해 나를 미리 예비시켜 놓으셨습니다." [2]

사탄은 얼마나 열심히 일하고 있는가?

어머니의 기도에 응답해 주시는 것 외에도, 하나님께서는 그를 다시 당신 앞으로 데려오실 때까지 뉴턴이 죄악의 구렁텅이에 빠짐으로 겪게 될 슬픔으로부터 어머니를 보호하고 계셨다.

"사탄이 얼마나 열심히 일하고 있는지요." 그는 자기 자신에 대해 후에 이렇게 이야기했다. "나는 표면적으로 사탄이 적극적으로 유혹하는 사람 중의 하나였습니다. 나는 내가 소망하는 일, 즉 이 세상 모든 사람들을 끌고 가고 싶은 소망을 성취할 수 있는 힘이 있었습니다. 한 평범한 술주정뱅이가 아주 심한 지경의 방탕자가 된다는 것은 죄를 약간 지은 한 죄인이 그때의 나의 모습이 되는 것과도 같았습니다. 나는 시저나 알렉산더 대왕과 같이 되고자 하는 포부도 가졌었습니다. 나는 부도덕한 세계에서 지금까지 인간 역사에 있었던 어떠한 사람보다 더 악한 사람이 되기를 원했습니다. 아! 은혜로우신 하나님께 이 얼마나 큰 빚을 진 자입니까?" [3]

어머니가 돌아가신 후, 뉴턴은 안정적이지 못한 어린 시절과 격동의 청년기를 보냈다. 그는 바다로 나가게 되었고, 억지로 영국 해군에 입대했다. 그러나 탈출을 시도하면서 그는 서아프리카로 가게 되었고, 결국 거기서 한 흑인 여자의 노예가 되었다. 이 흑인 여자는 '클라우'라는 악명 높은 백인 노예 매매업자의 부인이었다. 그 여자는 뉴턴을 몹시 굴욕적으로 대했고, 그는 그곳에서 굶주림 가운데 무척이나 궁핍하게 살았다. 그러나 그곳을 벗어나게 되었을 때 그는 노예 매매업으로 돌아갔고 그의 삶을 죄로 물들게 만들었다. 그는 자신이 신앙심이라고는 아예 없이 도덕과 관습에 얽매이지 않는 방탕한 생활을 했었다고 표현했다. 그는 자기 스스로를 자유 사상가로 생각했고, 다른 사람들도 자신의 세계로 들어오도록 적극적으로 권유했다.

심한 욕지거리로 악명 높았던 그는 다른 사람들보다 훨씬 더 하나님을 모독하고 저주했다. 그는 나중에 이와 같이 고백했다. "정신을 차리고 보니 내 삶은 온통 불순종과 세상적인 것으로 가득 차 있었습니다. 나같이 하나님을 저주하고 다니는 사람을 평생 만나 본 적이 없습니다. 평범한 욕지거리와 평범한 모독은 분에 차지 않아, 나는 내 스스로 하나님을 저주하는 말을 지어내기도 했습니다." [4]

배에 오른 '요나'

어떤 배에서는 선장이 뉴턴에게 이렇게 말하기도 했다. "굉장히 안된 일이기는 하지만 우리는 요나를 우리 가운데 데리고 있군. 뉴턴이 있는 곳에는 항상 욕설이 뒤따르고 분쟁이 끝이 없으니 말이야. 이런 것들은 다 내가 요나를 이 배에 태웠기 때문이야.". [5]

어느 날 폭풍우가 몰아쳤고 배는 뒤집혀 가라앉을 것만 같았으며 모든 것을 잃어버릴 것만 같았다. 뉴턴이 갑자기 외쳐댔다. "만일 아무 일도 일어나지 않는다면, 그것은 분명히 하나님께서 우리에게 자비를 베푸신 것입니다." [6]

그는 자기 처소로 돌아가서 자기가 바로 전에 무슨 말을 했었는가를 생각해 보고, 또 그 말이 무엇을 의미하고 있는가를 생각해 보았다. 그는 자신이 하나님을 믿고 있지 않다고 생각해 왔다. 그러나 그는 하나님의 존재를 잠재적으로 인정하고 있었다는 것을 바로 그 폭풍 가운데서 깨달았다.

후에 그는 다음과 같이 썼다. "악령의 군단을 소유하여 모든 악의

노예로 살았던 내가 영원토록 전능하신 하나님의 기념비로 서기 위해
용서함 받고 구원함을 받았습니다." [7]

그러나 뉴턴은 변화를 받은 후에도 노예 매매업을 계속했다. 그 당
시 노예 매매업은 아주 괜찮은 사업이었다. 그는 자기가 끌고 가는 쇠
사슬에 묶인 노예들을 친절히 대하려고 무척 애를 썼지만, 그의 마음
은 점점 더 무거워지기만 했다. 1775년에 그는 이 사업을 정리하고 그
후 9년 동안 리버풀(Liverpool)에 있는 통관 회사에서 일했다.

그리고 얼마 후 그는 영국 성공회 목사가 되었다.

나 같은 죄인 살리신

뉴턴은 하나님은 사랑이시라고 부르짖으며 설교했다. 그는 "그러나
이 말은 죄가 무엇인지 알지 못하는 사람들에게는 아무 의미가 없습니
다."라고 말했다. 그리고는 "저는 하나님께서 이 땅을 향하신 그의 자비
와 관용을 나타내시고 있는 좋은 예가 되는 사람입니다."라고 덧붙였다.

매 주일마다 교회에서 드리는 예배 이외에도 그는 일 주일에 한 번
씩 기도 모임을 인도했다. 그리고 이 기도 모임에 그의 친구인 윌리엄
쿠퍼를 초청했다. 쿠퍼는 나중에 시인으로 유명해졌는데, 때때로 찬송
도 지었다. 그들은 새로운 찬송을 짓기 위해 매주 모임을 가졌다.

새로운 찬송이 많이 실려 있는 『올네이 찬송가』(Olney Hymns)는
해가 갈수록 영국에서뿐만 아니라 미국에서도 발행 부수가 늘어갔다.
그 중 어떤 좋은 찬송은 오늘날 우리가 가지고 있는 찬송가에도 실려
있으며, 여러 나라 말로 번역되기도 했다. 이 찬송가들을 통해서 뉴턴

과 쿠퍼가 이 세상에 중요한 영향력을 발휘하고 있다는 사실이 절대로 과장된 일이 아니라는 것을 알 수 있다. 뉴턴이 작사한 "나 같은 죄인 살리신"이라는 찬송도 그 책에 수록되어 있다.

나 같은 죄인 살리신
그 은혜 놀라워
잃었던 생명 찾았고
광명을 얻었네

큰 죄악에서 건지신
주 은혜 고마와
나 처음 믿은 그 시간
귀하고 귀하다

이제껏 내가 산 것도
주님의 은혜라
또 나를 장차 본향에
인도해 주시리

육체와 정신이 쇠하여
우리 삶이 끝날 때
주의 장막 안에서
기쁨과 평화 누리리 [8]

빌 모이어와의 인터뷰에 따르면, 제시 노르먼은 이 찬송의 곡조를 뉴턴이 미국으로 데려온 흑인 노예들의 연가에서 따왔을 것으로 추측했다고 한다. 이 곡조를 자세히 들어 보면 여러분들은 그것이 마치 고통당하는 노예들의 처절한 가슴으로부터 나온 것과 같음을 느낄 수 있을 것이다.

뉴턴은 노예 매매업에 종사했던 그 시절들이 항상 치욕스러운 반성의 계기가 — 지금은 그의 마음이 몸서리치도록 싫어하는 일이지만 한때는 그도 그 계통에서 적극적으로 활동했던 사람이었음을 기억하며 — 되기를 바란다고 말했다. 뉴턴은 1779년 말경 런던에 있는 성 마리아 월노스에서 영국 국교회 사제로 임명받았다.

뉴턴이 윌버포스를 만나게 되다

윌리엄 윌버포스(William Wilberforce)는 26세에 이미 훌륭한 정치인이 되어 있었다. 모든 사람들이 그가 하원 의원이라는 것과 유명한 목사였던 윌리엄 피트(William Pitt)와 절친한 친구 사이라는 것을 알고 있었다. 다섯 개의 유명한 클럽 회원으로서 윌버포스는 아주 훌륭한 음악적 재능을 가지고 있었다. 영국 황태자는 윌버포스가 노래하는 파티라면 어디든지 참석할 것이라고 말할 정도였다. 그러나 이 젊은 청년은 개인적으로나 직업적으로는 성공 일로에 있었음에도 불구하고 영적으로는 심한 굶주림 상태에 있었다.

뉴턴은 그 당시 『순례자의 행진』이라는 강론집을 시리즈로 완성했었고, 윌버포스는 뉴턴에게 영적인 조언을 구했다. 이들은 서로 만나기로 약속하고 그 시간을 정했다. 그러나 윌버포스는 뉴턴의 집 근처에 도착했을 때, 주저하며 그 주변을 맴돌았다. 윌버포스는 뉴턴과 가까워지는 것을 비밀로 하고 싶었다. 왜냐 하면 자기 정도의 사회적 신분을 가진 사람이 '종교적 열성분자' 와 같이 교제하고 있다는 것이 다른 사람 눈에 띈다는 것은 불명예스러운 일이었기 때문이었다. 그럼에도 불구하고 그는 뉴턴의 집으로 들어가 그를 만났고, 그들은 아주 친한 친구가 되었다.

윌버포스는 뉴턴을 만날 때마다 그가 노예 매매업에 종사하던 시절의 노예들을 회상하며 양심의 가책을 느낀다고 말하는 것을 듣지 않고 30분 이상을 보낸 적이 없다고 말했다. 뉴턴은 자신이 과거에 어떤 잘못을 저질렀는가를 항상 가슴으로 인식하고 있었고, 그러한 점은 하나님의 은혜를 전하고자 할 때마다 그에게 강한 능력의 근원이 되어 왔다. 자기 스스로가 바로 그런 은혜를 맛보았기 때문에 가능한 일이었다.

뉴턴은 윌버포스가 계속 의회에 남아 있기를 권유했다. 그는 45년 동안 의원직에 몸담고 있으면서 아주 오래도록 노예 제도의 폐지를 주장해 왔었다. 뉴턴의 생의 말엽에 윌버포스는 유명한 역사학자인 존 폭스(John Fox)와 함께 영국에서 노예 매매업을 법으로 금지하도록 의회를 성공적으로 이끌었다.

그 법이 통과되었다는 소식을 뉴턴이 들었을 때, 그는 윌버포스에게 다음과 같이 썼다. "내가 그 법안을 바로 내 눈 앞에서 보지는 못하지만, 나는 하나님께 감사를 드립니다. 그리고 노예 매매업의 폐지를 위한 당신의 불요 불굴의 노력을 지금 하나님께서 보상해 주셨음에 축하를 드립니다. … 두 달 후면 80세가 되는 제가 그 일이 실행되는 것을 살아서 보게 될지는 모르겠지만, 쇠약해져 가는 이 육체가 살아 있는 한 이 일은 매일매일 나에게 기쁨을 줄 것이라고 믿습니다.”[9]

윌리엄 제이(William Jay)라는 목사는 어느 날 뉴턴에 대해 생각나는 일을 이야기하면서 그가 이같이 말하는 것을 들었다고 했다. “당신을 만나서 참 반갑습니다. 왜냐 하면 저는 지금 배스(Bath)로부터 편지를 받았는데 아마도 당신은 배스에 대해 무엇인가를 알고 있으리라고 생각합니다.”

제이는 그 사람을 알고 있으며 몹시 지독한 사람이라고 대답했다.

“그렇지만 그는 굉장히 회개하는 마음으로 이 편지를 썼어요.”라고 뉴턴이 말했다.

“그럴지도 모르지요. 그러나 만일 그가 정말 회개했다면, 이 세상에 변화받지 못할 사람은 아무도 없다는 생각이 듭니다. 만일 그것이 사실이라면 저는 이제 어느 누구도 포기하지 않을 겁니다.”

“저는 어떤 사람도 포기하지 않습니다. 제 자신이 바로 그런 지독한 사람이었고, 하나님께서 이런 나도 용서하시고 구원하여 주셨습니다.”라고 뉴턴이 말했다.[10]

그가 죽기 몇 주 전 그는 그를 방문한 한 사람에게 이같이 말했다.

“나는 기억력이 거의 없어요. 그러나 이 두 가지는 기억하고 있지요. 내가 큰 죄인이라는 사실과 예수 그리스도는 위대한 구속자이시라는 것을.”

탕자를 사랑하는 사람들을 위하여

오래도록 죄악의 낙을 누렸네

오래도록 죄악의 낙을 누렸네.

죄악 속에서

오랫동안 기쁨을 누렸었네.

부끄러움도 두려움도 모른 채

어떤 새로운 물체가

내 눈에 부딪치며

방종한 나의 삶의 질주를 막을 때까지.

나는 심한 고통으로 피 흘리며

나무에 매달려 있는

한 사람을 보았네.

내가 그 십자가 가까이 섰을 때

그의 측은한 눈은

나를 쳐다보았네.

나의 마지막 숨이 다할 때까지
그의 눈빛을 결코 잊을 수 없으리.
아무 말도 하지 않았지만
그의 죽으심은 나 때문인 것 같았네.

양심으로 깨달았고
죄의식에 사로잡혔네.
그리고 절망 가운데로
나를 밀어 넣었네.
나의 죄로 인하여
그가 피 흘렸음을 보았네.
또 그곳에
그가 못 박혔음도 보았네.

아! 나는 내가 한 일을 몰랐네.
지금 나의 눈물이
무슨 소용 있으리.
나의 이 떨고 있는 영혼은
어디로 숨어야 하나.
내가 내 주를 죽게 하였네.

그는 다시 나를 쳐다보네.
"나는 모든 것을 용서하노라.
이 피는 너의 죄를 위한 대속물이라.
너를 살게 하려고 내가 죽노라."
그의 죽으심으로
나의 먹물 같은 죄가 보였네.
은혜의 신비로움이여!
그것은
죄 사함의 증표가 되었네.

나의 영혼은
기쁨에 찬 슬픔과 슬픔에 찬 기쁨으로
가득 찼네.
옛 생활을 버리고
내가 죽인 주님 안에서 살겠네.

– 존 뉴턴

나는 당신의 아이랍니다

나는 당신의 아이랍니다.

알고 계시나요?

열 살이나 열다섯 살 때 그랬던 것처럼

나는 소리내어 울 수 없습니다.

내가 소리내어 울었던 그때

당신은

알고 있었습니다.

내가 당신을 필요로 한다는 것을.

나는 당신의 아이랍니다.

듣고 계시나요?

내 울음은 허탈함으로 싸여 있고,

당신의 사랑을 갈망하면서

고통스럽고 추한

반항으로 변했습니다.

어머니

당신은 거기 계시나요?

— 낸시 S. 호르닉(Nancy S. Hornick)

빈 가죽 부대와 죽어 가는 아이 

나는 아이들의 어머니로서 순종 가운데 하나님의 약속을 믿으며 항상 하나님과 동행할 필요가 있었다. 내가 그 중심을 잃는다면 어떻게 다른 사람들을 조금이라도 도와줄 수 있을까?

나는 창세기 21장 15절에 나오는 하갈과 이스마엘의 슬픈 이야기를 읽고 있었다. 그들은 들판으로 쫓겨났고, "가죽 부대에 있는 물은 벌써 다 마셔 버렸다."

그리고 나는 존 맥닐(John MacNeil)이 '성령이 충만하여 우리의 생활 속에서 흘러 넘치는 것같이 솟아나는 물의 근원'에 관해 쓴 글을 읽어 보았다. "거친 들판에서 물이 다 없어진 가죽 부대와 죽어 가는 어린아이와 함께 있다는 것은 참으로 고통스러운 일이다."

오! 하나님 나를 도와주소서.

존 트랩(John Trapp, 17세기에 사랑받던 청교도)에 의하면 "여호와여 도우소서… "(시 12:1)의 의미는 "무거운 짐을 끌어내리소서"라는 것이다.

– 오래된 잡지에서

영원하시고 보이지 아니하시며 언제나 지혜로우신 하나님

영원하시고 보이지 아니하시며

언제나 지혜로우신 하나님

우리가 볼 수 없는 빛 가운데 거하시며

이전부터 계시며 가장 거룩하고 영화로운 이름입니다.

전능하시며 승리하시는 당신의 이름을 찬양합니다.

당신은 빛과 같이 묵묵하게

쉼도 서두름도 없이

부족함이나 낭비함도 없이

권능으로 이 땅을 다스리십니다.

당신의 공의는 구름 위로 치솟아 오른 높은 산 같아서

모든 선과 사랑의 근원이 됩니다.

큰 자에게나 작은 자에게나

모든 인생 가운데 거하시면서

모든 인생들에게 진리된 생명을 주십니다.

우리의 삶은 나뭇잎 같아

꽃을 피우고 무성하다가도

시들어 말라 버리고 말지만

― 당신은 세세토록 변함이 없으십니다.
위대하고 영광을 받으실 하나님
완전한 빛의 아버지시여
천사들이 얼굴을 가리우고 주께 경배하고
우리들은 당신께 모든 찬송을 드립니다.
우리로 보게 하소서.
당신 안에 감추어진 찬란한 빛을.

– 월터 C. 스미스(Walter Chalmers Smith)

＊ 몇 가지 이유로 인해서 이처럼 오랫동안 불러 온 찬송
을 다시 불러 보는 것은 나에게 다시 한 번 확신을 주곤 한다.

하나님께 드리는 예배와 걱정 근심

너무 혼란스럽기 때문에 하나님조차 어떤 선한 것을 창조하실 수 없는 상황이란 없다. 하나님은 천지를 만드실 때에도 완전히 창조하셨고, 십자가의 역사도 완전히 이루셨다. 또 그는 지금도 일하시며 역사를 이루어 나가신다.

– 모울 주교(Bishop Moule)

외국에 머무를 때 이른 새벽에 일어난 일이었다. 나는 굉장히 지쳐 있었는데, 일어나 보니 새벽 세 시였다. 내가 사랑하고 있는 한 사람의 이름이 불현듯 생각났다. 마치 나는 전기 쇼크라도 받은 것 같았다.

갑자기 나는 잠에서 완전히 깨어났고, 다시 잠을 이루지 못할 것을 알았다. 나는 그곳에 엎드려서 하나님으로부터 멀리 달아나려고 애쓰는 어느 한 사람을 놓고 기도했다. 주변이 캄캄해지면 찾아오는 불길한 예감은 어머니들만이 느낄 수 있는 공포인 것이다.

갑자기 하나님께서 나에게 말씀하셨다.

"문제를 연구하는 일은 그만두고 하나님의 약속을 연구하기 시작해라."

하나님께서는 결코 내 귀에 들리도록 말씀하신 일은 없지만 그는 말씀하실 때 실수하시는 법이 없었다. 그래서 나는 불을 켜고 성경책을 펼쳤다. 처음으로 본 성경 말씀은 빌립보서 4장 6-7절 말씀이었다. "아무것도 염려하지 말고 오직 모든 일에 기도와 간구로 너희 구할 것을 감사함으로 하나님께 아뢰라 그리하면 모든 지각에 뛰어난 하나님의 평강이 그리스도 예수 안에서 너희 마음과 생각을 지키시리라"

확대 해석한 성경에는 다음과 같이 쓰여 있었다. "초조해하지 말아라. 어떤 것도 근심하지 말아라. 어떤 상황에서든지 어떤 일에서든지 기도와 간구로써 네가 원하는 것을 *감사함*으로 하나님에게 알게 하라."

갑자기 내 기도 중에 '감사함으로' 라는 내용이 빠진 것을 깨달았다. 나는 성경책을 내려놓고 하나님과 그분이 하셨던 일들을 찬양하며 하나님께 예배드렸다. 이러한 기도는 인간이 이해할 수 있는 일보다 더 넓은 영역을 감찰한다. 우리가 잘 알지 못하는 어떤 것일지라도 그것을 위해 기도하면 의심은 사라지고 믿음은 더욱 굳건해지며 기쁨이 회복된다.

나는 하나님께서 정말로 사랑할 수 있는 사람을 내게 주신 것을 먼저 감사하기 시작했다. 그리고 내게 있었던 고난을 인해 하나님께 감사했다. 그 고난을 통해 나는 많은 것을 배웠기 때문이다.

이제 어떤 일이 일어날 것인지는 여러분이 더 잘 알리라 믿는다. 마치 누군가가 내 마음의 불을 켠 것 같았고, 그 동안 캄캄한 곳에 있는 생쥐와 바퀴벌레처럼 어둠 속에서 내 인생을 갉아먹고 있던 두려움과 걱정 근심이 황급히 달아났다.

하나님께 예배드리는 심령과 걱정 근심하는 심령은 하나의 마음에 동시에 존재할 수 없다는 것을 깨달았다. 이 둘은 서로 배타적인 것이다.

기다려라

기다려라 합당한 도움이 올 때까지.
늦을지라도 기다려라.
하나님의 약속은 늦어지기는 해도
절대로 때를 놓치지는 않는다.

- 윌리엄 쿠퍼(William Cowper)

우리의 도움을 위하여

어머니인 우리들에게 필요한 것들:
하나님의 교훈
하나님의 임재
하나님의 양식
하나님의 약속
하나님의 권능

＊ 하나님의 교훈

시편 19:7-11

＊ 하나님의 임재

하나님의 약속 중에서 가장 위대한 약속은
"내가 너와 함께하리라"는 약속이다.
이 약속은 창세기 26장 24절에 처음으로 쓰여 있고,
마태복음 28장 20절에 마지막으로 쓰여 있다.

＊ 하나님의 양식

빌립보서 4:19.
하나님은 그의 영광 가운데서 공급의 근원이 되신다.
예수 그리스도는 그의 공급의 통로이다.

＊ 하나님의 약속

고린도후서 1:20.
17세기에 존 트랩은 말하기를
"진리와 확신은 이를 반대하는 모든 강한 세력을 누르고
승리한다."고 하였다.

＊ 하나님의 권능

로마서 15:13.
그의 권능으로 구원받고 그의 권능으로 보존되며
그의 권능으로 소망을 갖는다.

# 우리의 기도에 응답하시는 하나님

기도하는 것을 가르치신 분은 하나님이시며,
나는 그분이 내 기도에 응답하시리라는 것을 안다.
그러나 응답하시는 시간은
내가 거의 절망의 벼랑 끝으로 달려갔을 때였다.
– 작자 미상

사람은 우리의 호소를 일축할 수 있고
우리의 탄원을 거절할 수 있고
우리의 생각을 반대할 수 있다.
우리 자신을 멸시할 수도 있다.
그러나 그들도 우리가 기도하는 것에 대해서는
어찌할 도리가 없다.
– 시들로우 박스터(Sidlow Baxter)

하나님을 경외하는 마음

> "다만 그들이 항상 이 같은 마음을 품어 나를 경
> 외하며 나의 모든 명령을 지켜서 그들과 그 자손
> 이 영원히 복 받기를 원하노라"
>
> — 신명기 5:29

창세기에서 요한계시록에 이르기까지 성경 말씀
을 통해 우리에게 주신 두 가지 중요한 하나님의 명
령은 *하나님을 경외하는 것*과 *하나님께 순종하는 것*
이다.

우리에게 이 중 하나라도 부족하다면 우리 자신
뿐만 아니라 우리의 자녀들도 고통을 받게 된다.

> "여호와를 경외하는 자에게는 견고한 의뢰가 있
> 나니 그 자녀들에게 피난처가 있으리라"
>
> — 잠언 14:26

하나님을 경외하는 것은 다른 모든 두려움을 적
절하고 균형 있게 보도록 하는 것이다.

3장 스코틀랜드 드럼토티 골짜기의 플로라 캠벨

– 이안 맥클라렌(Ian Maclaren)

스코틀랜드 드럼토티 골짜기의 플로라 캠벨

글·이안 맥클라렌 (Ian Maclaren)

그들은 떠났고 우리는 주님께 묻는다.
"하나님, 왜 저입니까?"

다른 장로들이 보기에 라클란 캠벨(Lachlan Campbell)은 젊은 아이들 – 특히 나쁜 길에 빠진 청소년들 – 을 다루면서 무척 힘들어하는 것같이 보였다. 그러나 어느 날 저녁 이들 장로들은 캠벨이 적어도 이유 없이 치우친 행동을 한 것은 아니라는 것을 알게 되었다.

번브레(Burnbrae) 장로는 나중에 이렇게 말했다. "라클란이 들어올 때 마치 유령이 문으로 걸어 들어오는 것 같았어요." 라클란은 어두운 곳에 조용히 앉았다. 어느 누구도 그의 얼굴에 심한 고뇌의 빛이 있는 것을 끝까지 알아채지 못했다.

끔찍한 재앙

"사회자님, 이제 모든 안건이 결정되었다면, 저는 당회 앞에 교회의 질서에 문제가 되는 한 사건을 내어놓고 결의하도록 했으면 합니다." 라클란이 말을 시작했다. "저는 우리 교회의 교인이었던 한 나이 어린 여자가 집을 나가 먼 타국으로 가 버렸다는 것을 알게 되었습니다. 그녀에게 당회가 소집되기 전에 빨리 돌아오라고 권유하는 것은 소용없는 일입니다. 그녀는 우리 교회의 교구에는 절대로 나타나지 않을 것이기 때문이지요. 그래서 저는 교인 명부에서 그녀의 이름을 삭제해야 한다고 제안하는 바입니다. 그녀의 이름은…." 그의 목소리는 흐트러졌다. 그러나 그는 곧 평정을 되찾고 말을 이었다. "그녀의 이름은 플로라 캠벨입니다."

후에 카마이클(Carmichael) 목사님은 그때 너무 놀라서 말문이 막혔고, 라클란의 창백한 얼굴은 무섭게 그를 노려보고 있었다고 말했다. 처음으로 입을 연 사람은 번브레 장로님이었다. "사회자님, 이 일은 우리의 형제에게 벌어진 아주 끔찍한 재난입니다. 마치 제가 제 자식 중의 하나를 잃어버린 것 같은 느낌입니다. 왜냐 하면 우리의 한 사랑스러운 딸이 교회 문 안으로 들어오지 않았기 때문이지요. 우리 중 어느 누구도 무슨 일이 일어났는지, 또 그녀가 어디로 갔는지 알고 싶어하지 않습니다. 우리는 이 일을 거론하지 않을 것입니다. 그녀의 아버지는 우리의 기대 이상으로 잘 처신했으며 이제는 우리가 우리의 할 일을 해야 한다고 생각합니다."

"당회에서 어떤 사람의 이름을 교인 명부에서 단번에 삭제한다는 것은 옳은 일이 아닙니다. 우리는 플로라 캠벨의 문제로 이 옳지 않은 일을 시작하지는 않을 것입니다. 저는 이 문제를 그녀의 아버지와 사회자인 목사님께서 맡으실 것을 제안합니다. 그리고 우리 모두는 선한 목자 되신 우리 주님께서 그 양을 다시 집으로 데려올 때까지 플로라와 그 아버지를 위해 매일매일 아침저녁으로 기도해야만 할 것입니다.”

번브레 장로님은 잠시 말을 멈추고 눈물을 머금은 목소리로 덧붙였다〔스코틀랜드 드럼토티(Drumtouchty) 골짜기의 남자들은 보통 우는 법이 없었다〕. “하나님에게는 자비가 있습니다. 그리고 한량없는 용서가 있어요.”

목사님은 그 노인의 팔을 부축해 그를 자기 집으로 모셔갔다. 그리고 그를 서재 벽난로 옆에 있는 커다란 의자에 앉혔다.

“하나님 감사합니다. 라클란, 우리는 지금 친구입니다. 자, 제가 당신의 아들이자 플로라의 오빠라고 생각하시고 좀 자세히 얘기해 주세요.”

플로라의 어리석음

아버지는 떨리는 손으로 주머니에서 편지 한 통을 꺼냈다.

사랑하는 아버지께

아버지가 이 편지를 받으실 때에는 저는 이미 런던에 있을 것입니다. 저는 집 문지방도 밟을 가치가 없는 자식입니다. 계속 저에게 화내지 마시고 저를 용서하시려고 노력해 보세요. 왜냐 하면 아버지는 더 이상 제가 춤추러 다니는 일과 옷 입는 일로 인해 골치 아프지 않으셔도 되니까요. 제가 아버지를 비난할 것이라고는 생각하지 마세요. 아버지는 좋은 아버지였고 당신이 옳다고 생각하시는 일을 늘 말씀하셨지요. 그렇지만 남자인 아버지가 여자인 딸을 이해한다는 것은 쉬운 일이 아니에요. 아! 만일 제게 엄마가 계셨더라면, 엄마는 저를 이해해 주셨을 것이고 저도 아버지를 거역하는 일은 없었을 거예요.

아버지, 불쌍한 플로라의 어리석음을 잊어 주세요. 그러나 저를 잊지는 못하실 것입니다. 그리고 아마도 저를 위해서 지금도 기도하고 계실 줄을 압니다. 저를 위해서 제라늄을 잘 돌봐 주시고 아버지가 늘 저를 닮았다고 하시던 그 양에게 우유도 잘 먹여 주세요. 저는 이 세상, 아니 다음 세상에서도 다시는 아버지를 뵐 수 없을 거예요. 엄마도… (이곳의 글씨는 얼룩져 있었다). 아버지를 돌봐 드릴 사람이 아무도 없고 추운 겨울날 아버지를 위해 불을 지펴 드릴 사람도 없다는 생각이 들 때, 저는 집으로 돌아가고 싶은 생각이 날 것입니다. 그렇지만 그때는 너무 늦었겠지요. 너무나 때늦은 일일 것입니다. 아마도 저는 드럼토티 골짜기에 있는 아버지에게 수치스러움만 가져다줄 거예요.

아버지의 변변치 못한 딸
플로라 캠벨

"라클란 씨, 참으로 이것은 불과 같은 시련이군요. 저는 당신이 얼마나 고통을 받고 있는지 상상조차 할 수 없습니다."라고 목사님은 말했다. "그러나 절망하지는 마세요. 왜냐 하면 이것은 못된 딸로부터 온 편지가 아니니까요. 아마도 그녀는 참지 못해 그런 길로 빠졌을 거예요. 하지만 플로라는 본래 마음이 착한 아이입니다. 그러니 그녀가 아주 영영 떠나 버렸다고 생각해서는 안 됩니다."

라클란은 처음으로 입을 열며 신음하는 듯한 소리로 말했다. 그리고 비틀거리며 일어났다. "카마이클 목사님, 당신은 참 친절하십니다. 번브레 장로님도 마찬가지십니다. 저는 여러분 모두에게 감사를 드립니다. 그렇지만 여러분들은 이해하지 못하실 거예요. 아! 정말로 이해 못 하실 겁니다."

나에게는 딸이 없다

라클란은 의자를 잡고는 목사님의 얼굴을 쳐다보았다. "제 딸아이는 집을 떠났어요. 그리고 다시 돌아오지 않을 것입니다. 목사님은 그 아이의 이름을 교인 명부에서 지워 버리지 않으시겠지만 저는 그런 것은 상관하지 않을 겁니다. 저는 이미 그 아이의 이름을 제 성경책에서, 그 애의 엄마와 제 이름이 쓰여 있는 가족 성경책에서 지워 버렸습니다. 그녀는 하나님의 자녀인 교우들과 장로들의 집을 엉망진창으로 만드는 혼돈을 가져왔습니다. … 이제 저에게는 … 저에게는 딸이라곤 없습니다."

"그러나 나는 그 아이를 사랑했습니다. 그 아이의 엄마가 두 눈으로 나를 늘 쳐다보고 있었기 때문에 내가 저를 얼마나 사랑했는지 모릅니다."

목사님은 그의 집이 있는 언덕 끝까지 라클란과 함께 걸었다. 아무 말 없이 둘이 악수를 하고 헤어진 뒤 목사님은 그가 그 고독한 집으로 들어가 사라질 때까지 차가운 달빛 안에 담겨 있는 한 노인의 모습을 바라보았다. 벽난로 속의 불은 이미 꺼져 있었고, 사랑도 희망도 어느 것도 이 노인의 무너져 내린 가슴을 기다리고 있지 않았다.

철로가 드럼토티 골짜기에 들어오는 것은 더 이상 수지타산이 맞지 않아 보였다. 이 골짜기는 산속으로 수마일 떨어져 있었기 때문에 고립되어 있었다. 그래서 이전 시대의 생활 풍습이 어느 정도 보존된 곳이기도 하다. 목사님 외에도 여섯 명의 장로들이 플로라 캠벨의 비극적인 가출 사건을 알고 있었으나 어느 누구도 이 일에 대해 입을 열지 않았다.

드럼토티 마을의 신문과도 같아서 항상 소문을 캐고 다니는 맥패든(Macfadyen) 부인조차도 비밀에 부쳐진 이 일을 캐묻고 다니지 않았다. 골짜기의 모든 사람들이 라클란을 동정하였다. 그가 교회의 가족용 긴 의자에 혼자 앉아 있을 때에나, 토요일 오후 일주일치 양식을 사려고 혼자서 마을 식료품점으로 내려왔을 때에도 아무도 이 문제를 직접 확인하려 늘지 않았다.

그의 마음은 산산이 부서지고 있었다

"그를 보는 것만으로도 내 가슴이 찢어지는 것 같아요."라고 맥패든 부인이 말했다. "허리는 구부러졌고 정신이 나간 사람 같아요. 사실 그는 정말 단정하고 꿋꿋했었는데…. 머리는 한 달 새에 하얗게 되었고 복장에는 신경 쓰는 것 같지도 않아요. 이 일이 사람들의 입에 오르내리지 않으면 않을수록 빨리 해결될 거예요. 다른 사람의 슬픔에 끼어들어 이렇다 저렇다 하는 것은 옳지 않은 것 같아요. 우리는 그저 플로라가 곧 돌아오기를 바랄 뿐이에요. 만일 그렇게 되지 않는다면 라클란은 오래 살지 못할 거예요. 그가 겉으로는 아무 말도 하지 않지만 — 그런 점이 그가 존경받는 점이기는 해도 — 마음은 갈래갈래 찢어지고 있다는 걸 누구나 알 수 있지요.”

마겟 호우(Marget Howe)가 가게에서 라클란을 보고 그의 고통을 단번에 알아보았을 때까지는 어느 누구도 도움을 주질 못했다. 그녀는 무척이나 괴로워하며 윈니 노우(Whinnie Knowe)에 있는 자기 집으로 갔다.

“떨리는 손으로 자신의 조그만 물건들을 고르고 있는 노인을 본다는 것은 참으로 비통한 일이에요. 그는 내게 날씨에 대해서 말하고 있었지만 시종 일관 그의 눈은 ‘플로라, 플로라!’ 하고 있었어요.”

“라클란 씨를 방문해야만 할 것 같았어요. 우리가 다른 사람을 위로하는 것을 보지 못하신다면 우리의 아버지 하나님도 우리를 위로하시지 않기 때문이지요.”

마겟이 라클란의 조그마한 집 모퉁이에 왔을 때, 그녀는 플로라의 화분들이 햇빛이 잘 드는 곳에 놓여져 있고 그녀의 아버지가 무릎을 꿇고 그 화분에 물을 주고 있는 것을 보았다. 화분 하나는 죽어 가고 있었다.

그는 그녀가 온 것을 알아채지 못했다. 그러나 곧 그녀를 반갑게 맞으며 집 안으로 데리고 들어갔다. "늙은이의 집을 다 방문해 주시다니 참 감사합니다, 호우 부인. 참으로 따뜻한 날씨군요. 이 따뜻한 날씨에 술 생각이 나서 오신 것은 아니겠고. 자 들어가시죠, 저는 차를 아주 잘 끓인답니다."

마겟은 금방 말을 꺼냈다. "캠벨 선생님, 제가 하나님의 사랑으로 이곳에 왔다는 것을 믿으시길 바랍니다. 우린 둘 다 자식으로 인해 고통받았기 때문입니다. 제게는 아들이 하나 있는데 그 아들이 집을 나갔어요. 그리고 선생님에게는 딸이 있는데 그 딸이 집을 나갔고요. 저는 제 아들 조지가 지금 어디 있는지 알고 있고 또 나름대로 만족하고 있어요. 그러니 선생님의 슬픔이 저보다 크리라고 생각합니다."

"나는 그녀가 차라리 죽어서 저 교회 뒤뜰에 묻히길 바라고 있어요. 나는 그 아이 이야기는 하지 않을 겁니다."라고 라클란은 말했다. "이제 그 아이는 내게 아무 의미가 없어요. 보시겠어요? 자기 이름에 먹칠을 한 그 아이에게 내가 무슨 일을 했는지 당신에게 보여 드리죠."

그는 성경책을 펼쳤다. 그곳에 플로라의 이름은 떨리는 필체로 지워져 있었다. 잉크는 눈물로 범벅이 되어 번져있었다.

당신이 더 부끄러운 사람입니다

이것을 보자마자 마겟의 가슴 속에서는 맹렬한 불길이 타오르는 것 같았다. 그녀는 라클란의 혈기와 신학을 용서할 수가 없었다. "이게 선생님이 하신 일이라고요? 이것을 여자인 저에게 보라고 하시는 건가요? 선생님은 연세가 많으실 뿐 아니라 심한 고통 가운데 계시다는 것을 압니다. 그러나 하나님 앞에서 제가 선생님께 꼭 드리고 싶은 말씀은 선생님이 플로라보다 더 부끄러운 죄인이라는 것입니다. 그녀는 이번 봄에 겨우 스무 살이 되고, 엄마는 먼저 죽었습니다. 엄마도 없고, 어른들의 보살핌도 받지 못했던 그 아이가 집을 나가서 방황한다고 해서 당신이 그 아이를 위해서 할 수 있는 일이라는 것이 고작 그 이름을 자기 성경책에서 지우는 것뿐이라니, 정말 저는 선생님이 더 부끄럽습니다. 우리 하나님 아버지께서 우리가 하나님의 집을 떠났을 때 우리의 이름을 생명책에서 지우신다면 그것은 저에게 말할 수 없이 큰 고통일 거예요. 그러나 그 하나님은 우리를 구하시기 위해 그의 아들을 보내 주셨어요. 그리고 지치고 힘든 그 길을 걸어오셨어요. 선생님은 딸을 버리셨지만 자신의 양을 멸망의 길에 결코 내버려 두지 않는 사람도 있습니다. 선생님은 바리새인 시몬보다 더 나쁜 사람입니다. 마리아는 바리새인 시몬에게 버림을 받기는 했어도 그의 친척인 것도 아니었는데, 자신의 딸을 버리시다니. 가엾은 플로라 … 이런 사람을 아버지로 가지다니….”

“내가 바리새인 같다고? 누가 감히 그런 말을 할 수 있단 말이오?” 마겟의 팔을 붙잡고는 온몸을 부르르 떨면서 라클란은 부르짖었다.

“라클란 씨, 용서하세요. 저는 잘못 인도 받은 한 소녀를 생각해서 이곳에 온 것이지 당신을 노엽게 할 생각은 전혀 없었어요.”

그러나 라클란은 의자로 몸을 내던지고 이내 그녀의 존재를 잊었다.

하나님, 이 죄인을 불쌍히 여기소서

“마겟의 말은 핵심을 찔렀고 하나님은 내 마음의 오만한 곳을 강타

했다. 나는 바리새인 시몬이었다."라고 그는 후에 말했다. "나는 정말 그 아이를 너무 힘들게 했어요. 그리고 목사님도 힘들게 했죠. 나 같은 사람은 또 없을 거예요. 하나님께서는 내 이름을 황무한 곳에 버려 두셨고 나는 그녀에게 화가 났던 겁니다. 그래서 그녀는 황량한 곳으로 뛰쳐나갔고 결국 내 죄를 위한 속죄 염소가 되었습니다. 오! 하나님, 이 죄인을 불쌍히 여기소서."

마겟은 라클란의 마음이 바뀌리라고 생각하고 다음과 같은 편지를 썼다.

사랑하는 소녀에게

내가 항상 너의 좋은 친구였다는 것을 너는 알고 있겠지. 내가 지금 네게 이 편지를 쓰는 것은 지금 너의 아버지께서 너를 어느 때보다 많이 사랑하고 계시다는 것을 말하기 위해서란다. 너의 얼굴을 보고 싶은 마음으로 무척 지쳐 계신단다. 빨리 돌아오려무나. 그렇지 않으면 아버지께서 너를 너무 보고 싶어하시다가 돌아가실 것 같다.

요즘 우리가 사는 이 골짜기는 무척 환하고 사랑스럽다. 언덕에는 자줏빛 히스나무가 있고 그 아래로는 황금빛 옥수수 밭이 펼쳐져 있으며, 그 사이에는 히아신스와 양귀비꽃들이 피어 있기 때문이란다. 네가 그동안 어디서 무엇을 하였는지 물어보는 사람은 아무도 없을 거야. 이 골짜기에서 너를 보고 싶어서 지치지 않은 사람은 아무도 없다. 플로라, 네가 집으로 돌아온다면 이 작은 골짜기에 얼마나 큰 기쁨이 넘칠 것인지 생각해 보렴. 특히 우리 하나님 아버지 집에 넘칠 기쁨을 생각해 보렴.

이 편지를 받자마자 바로 집으로 출발하거라. 네 아버지는 네가 돌아오기만을 기다리고 있단다. 나는 네 엄마를 대신해서 이 편지를 너에게 쓰고 있다.

– 마겟 호우(Marget Howe)

마겟은 라클란이 이 편지를 읽고 있는 동안 꽃들을 돌보기 위해 밖으로 나갔다. 그가 다시 편지를 그녀에게 돌려주었을 때 봉투에는 받는 사람의 주소가 라클란의 필체로 쓰여 있었다.

그는 마겟과 함께 언덕 끝까지 걸어갔다. 그리고 거기서 우체국으로 들어가는 그녀의 모습이 하나의 점이 될 때까지 지켜보았다. 그가 자기 집으로 돌아왔을 때에는 어둠이 깔리기 시작했고 그는 곧 밤이 되리라는 것을 알았다.

"플로라는 아마 어둑어둑할 때 집으로 돌아올 거야. 그 아이는 아버지가 자신을 기다리고 있다는 것을 알아야 해."

그는 램프를 꺼내서 깨끗이 청소를 하고 손질을 했다. 그 램프는 장식용으로 놓여져 있었고 오랫동안 쓰이지 않았다. 그리고는 책꽂이에서 에드워드의 『노하신 하나님의 손 안에 있는 죄인들』이라는 책을 꺼냈다. 그리고 그 위에 플로라의 이름이 지워진 커다란 가죽 성경책을 놓았다. 이 포개 놓은 책들을 받침 삼아 스탠드 하나를 그 위에 놓았다. 스탠드 불빛은 창문 너머로 플로라가 집으로 올 때 들어서게 될 집 앞 가파른 길을 매일 밤 비춰 주었다.

탕자가 돌아오다

킬드럼미(Kildrummie) 승객들 중 힘이 세고 성격이 강한 사람들만이 갈아타는 역에서 기차를 탈 수 있었다. 드럼토티(Drumtochty) 사람들은 무척 악착같아서 기차 타기를 포기하는 일은 좀처럼 없었다. 사람들은 본선 열차가 멀리 사라지는 것을 보았다. 그리고 짐 나르는 사람 피터 브루스(Peter Bruce)가 커다란 가방들을 갖고 사람들 가운데로 헤치고 들어와서 존칭도 없이 이름을 마구 부르고 있는 동안, 여러 그룹으로 나뉘어져서 소 매매에 관한 이야기를 하고 있었다.

"드럼슈(Drumsheugh), 자네는 하루 종일 거기 서서 마치 그 여자에게 소를 판 가난한 시골 사람이라도 되는 것처럼 소 값에 대해 불평만 하고 있었네. 그러면서 기차가 십이 분 늦은 것에 대해 짜증을 늘어놓으니 정말 화가 나는군. 내 참, 얼른 기차에 오르기나 해."

"피터는 오늘 무척 흥분하고 있어. 사람들이 그가 말하는 태도를 보면 마치 우편물 담당 차장쯤은 된다고 생각할 거야." 드럼슈는 말했다.

피터는 비꼬는 말에 신경을 쓰지 않았다. 왜냐 하면 저 멀리 어두운 곳에 있는 한 여자를 발견했기 때문이었다.

"이보세요. 잘 보이지도 않는 그런 곳에서 뭐하고 있습니까? 출발할 뻔했잖아요."

그녀에게 말을 건 순간 피터는 그녀가 누구인지 알아보았다. 갑자기 그의 태도는 부드러워졌다. "이쪽으로 오세요, 아가씨. 조금 전에는 아가씨가 누구인지 몰랐어요. 그렇지만 아가씨가 남부 지방에서 여행하고 있을 거라는 이야기는 들었지요. 셋째 칸 열차에는 드럼토티 사람들로 꽉 찰 거예요. 그러니 우리와 같이 둘째 칸 열차를 타는 것이 더 편하실 거예요."라고 말했다.

플로라 캠벨은 열차 안으로 살며시 들어왔다.

피터는 킬드럼미(Kildrummie) 지역과 갈아타는 역 사이에서 발판을 따라 돌아다니는 것에 익숙해 있었다. 그는 그런 대로 괜찮아 보였는데, 돌아다니며 기차표도 걷고 기차가 늦게 출발하는 것에 대한 사람들의 불평에도 잘 응수하여 주었다. 그러나 그것은 드럼슈가 그에게 금방 빈정거리며 한 말로 인해 상처를 받았기 때문인 것 같았다. 그날 밤 그는 둘째 칸 열차를 탔고 예전처럼 셋째 칸 열차에서는 그의 모습을 볼 수 없었다.

"캠벨 양, 당신은 아주 오랫 동안 여행을 했군요. 틀림없이 피곤할 거예요. 당신이 집으로 돌아가기 전에 사람들이 다 나갈 때까지 여기 잠깐 앉아 있다가 우리 집에 가서 차 한 잔을 한다면 저와 제 아내는 굉장히 영광스러울 거예요. 기차에서 사람들을 다 내리게 하고 제가 해야 할 자질구레한 일들을 빨리 끝내고 금방 올게요."

피터는 서둘러서 자기 집으로 갔다. 너무 급하게 왔기 때문에 그의 아내는 깜짝 놀랐다. "나쁜 일 때문에 일찍 온 게 아니야. 좋은 일 때문이지. 플로라 캠벨 알지? 자기 아버지 곁을 떠났던 아이 말이야. 드럼토티 골짜기의 어느 누구도 그녀에 대해 이야기하지는 않았지만. 그녀가 지금 기차 안에 있어. 나는 그녀에게 우리 집에 와서 좀 쉬었다 가라고 했는데 그녀도 기꺼이 오겠다고 하는군. 가엾은 아가씨야. 그러니 그녀가 오면 따뜻하게 대해 줍시다. 그리고 우리 집에서 가장 좋은 것으로 대접해요. 우리 집이 그녀가 자기 집으로 돌아오면서 처음으로 들어오게 되는 가정이거든."

　메리 브루스의 손은 플로라의 가슴에 떨리는 감동을 주었다. "캠벨 양, 준비한 것도 없는데 우리 집에 와 주셔서 정말 감사해요. 당신이 여행 중에 언제라도 우리 집에 오신다면 저는 정말 대환영입니다. 철도 여행은 사람을 지치게 하니까 한 잔의 차를 마신다면 기운이 다시 나게 될 거예요." 메리는 플로라를 가장 좋은 의자에 앉히고 그녀의 접시를 집에서 만든 맛있는 음식으로 채워 주었다.

인간으로부터 용서를 약속받다

　늦은 9월, 스코틀랜드의 소나무 숲을 걷는 것은 가장 달콤한 산보가 될 것이다. 장이 서는 날이면 플로라는 이 숲 속 길을 노래하며 걸으면서 많은 시간을 보냈다. 야생화를 꺾기도 하고 웅덩이의 물을 거울삼아 보기도 하며 걸었다. 그러나 지금 그녀는 떨리고 두려웠다.

　어둠 속에서 바스락대는 나무들, 올빼미들의 울음소리, 숲 속 빈터에서 너무나도 밝게 비치는 달빛 등은 그녀의 고통스러운 마음에 심판의 징조와도 같았다. 집으로 돌아가기 전 피터 무부의 친절함 — 인간으로부터 용서받았다는 약속 — 이 없었더라면 감히 그 숲 속을 걸어갈 용기도 나지 않았을 것이다. 어두움으로부터 탈출해 왔다는 안도감에 흐느끼며 다시 한 번 옛날의 골짜기를 바라보았다.

　그녀 밑으로 자그마한 강이 흘렀다. 그 강에는 오래 전부터 이상한 모양으로 된 다리가 있었다. 오른쪽 저 편, 수풀 저 너머로 교회가 보였다. 골짜기 마을의 절반 이상이 옥수수 밭으로 덮여 있었고 그 아래

쪽으로는 황무지가 있었다. 그곳에는 그녀의 마음을 빼앗았던 목동의 집도 있었다.

마겟은 플로라에게 돌아가신 엄마를 대신해서 편지를 보냈다. 그러나 그 아버지를 대신해 아버지의 권위를 가지고 말할 수 있는 사람은 아무도 없었다. 플로라는 아버지의 종교적 자존심과 철통 같은 원리 원칙을 잘 알고 있었다. 만일 아버지가 집 안으로 들어오지 못하게 한다면 차라리 런던에서 죽는 것이 더 낫지 않았을까 하는 생각도 들었다.

창문에서 흘러나오는 불빛

그 길을 돌아서니 그녀의 작은 집이 보였다. 그녀는 긴장했다. 부엌에 불이 켜져 있었기 때문이었다. 그 순간 그녀는 아버지가 혹시 편찮으신 것이 아닌가 하는 걱정이 되었다. 그러나 곧 기쁨으로 가득 차 자기 앞에 남겨진 길을 뛰어가고 있는 자기 자신을 보았다.

문에 다다랐을 때 그녀는 너무나 지쳐 문을 두드릴 기운조차 없었다. 그러나 그렇게 할 필요가 없었다. 절대로 그녀를 잊지 않는 개들이 반갑게 맞아 주었기 때문이었다. 개들은 기쁨에 차서 짖어 댔다. 그리고 그녀는 아버지가 오로지 "플로라, 플로라!"라고만 외쳐대며 문을 여는 소리를 들었다. 전에는 절대로 이런 일이 없었다.

그녀는 아버지를 만나게 되면 할 말 몇 마디를 준비했었다. 그러나 지금 그녀가 할 수 있는 말은 "아버지"라는 한 마디뿐이었다. 그는 그녀가 어렸을 때 이후로 그 오랜 세월 동안 단 한 번도 그녀에게 키스를 해 준 적이 없었다. 그런 그가 그녀를 품에 안고, 머리 위에 손을 얹고

축복 기도를 하였다. 그러는 동안에 개들이 부드럽고 다정한 혀로 그녀의 손을 핥았다.

"게일어(Gaelic)를 쓰지 않으니 유감이에요." 플로라는 나중에 마겟에게 말했다. "사랑을 표현하는 모든 언어 중에 게일어가 최고이지요. '사랑하는' 이라는 단어도 50개나 있어요. 아버지가 게일어를 아신다면 내가 집에 돌아온 그날 나를 부를 때마다 그 중 하나씩 다 사용하셨을 거예요."

아버지 라클란은 기쁨으로 가득 찼고 불빛은 희망으로 가득 찼다. 그래서 그는 플로라의 얼굴에 몹시 아픈 기색이 있는 것을 알아채지 못했다. 그러나 다음 날 아침 밝은 햇빛 속에서 그녀가 아프다는 것을 알게 되었고 몹시 걱정이 되었다.

"오랜 여행으로 무척 피곤하겠구나. 좀 쉬어라. 나는 만나야 할 사람이 있는데 그와 함께 집으로 올게다."

여비의 죄로 자식이 고통 받지 않게 하소서

라클란은 자신이 늘 기도하는 자리로 가서 비닥에 엎드려 울었다. "하나님, 저를 불쌍히 여겨 주세요. 부디 그녀를 용서해 주시옵소서. 내가 그녀를 사랑한다는 것을 그녀가 알 때까지 그녀를 저에게서 데려가지 말아 주세요. 그녀에게 사랑을 베풀 수 있는 시간을 허락해 주시옵소서. 전에는 그녀를 억압했기 때문입니다. 이 완악한 마음에 대한 하나님의 심판을 돌이키시고 아버지의 죄로 인해 자식이 고통을 겪게 하지 마시옵소서."

그리고 그는 일어나서 급히 의사에게로 갔다.

맥루어(Maclure) 의사가 온 것은 오후가 지나서였다. 의사가 문을 열고 안으로 들어서자 강한 햇빛이 방안을 비추었다. 라클란은 플로라의 손을 잡고 침대 옆에 앉아 있었고 플로라는 애처롭게도 아프지 않은 것처럼 보이기 위해 애를 쓰고 있었다.

"플로라, 이제야 집으로 돌아왔구나. 우리 모두는 너를 몹시 기다렸단다. 남쪽 지방 사람들이 너를 잘 먹이지 못한 것 같구나. 아니면 도시 공기 때문일지도 모르지. 도시 공기는 내게도 맞지 않거든." 하고 의사는 말했다.

플로라는 팔을 내밀어서 아버지의 목을 감았다. 그리고 그의 얼굴을 자기의 얼굴로 잡아끌었다. 의사는 반대쪽을 바라보고 있었다. "약은 신경 쓰지 마세요. 그녀에게 신선한 우유와 공기를 많이 마시게 하세요. 드럼토티의 공기는 너무 좋아서 이곳 의사들은 돈벌이를 잘 못하지요. 스코틀랜드의 공기라고 해서 다 같은 것은 아니에요. 드럼토티의 바다에는 소금이 있고 언덕에는 시원한 공기가 있으며 들에는 히스나무 향기와 많은 꽃들이 있습니다. 드럼토티의 공기는 죽음의 문턱에 있는 많은 사람들에게 삶을 가져다주었습니다."

너는 버림받지 않았다

마겟이 오자 플로라는 그녀의 편지에 관해서 이야기했다.

"런던에서의 밤은 아주 아름다웠지만 그곳에는 제가 죽든지 살든지 상관할 사람이 아무도 없다고 생각했어요. 그리고 어떻게 하면 죽을 수 있을까 하는 생각도 해 보았어요."

"예전에 저는 가끔 벌판에 혼자 나갔지만 외롭지 않았어요. 시냇가에 앉아 있으면 송어가 가끔 바위 밑에서 튀어 오르기도 하고, 소 떼는 물을 마시려고 시냇가로 몰려오고, 새들은 서로 지저귀며, 양들은 매애 하고 울었죠. 그곳은 매우 바쁜 곳이었어요. 또 안전한 곳이기도 했죠. 왜냐 하면 어떤 동물도 사람을 해치지는 않으니까요. 건장한 고지대 사람들은 그저 한번 슬쩍 보고는 자기들의 목장으로 갈 뿐이죠."

"하지만 런던에 있는 것은 몹시 지치는 일이었어요. 그곳에 있다 하더라도 당신에게 친절히 말을 건네는 사람은 아무도 없을 거예요. 바쁘게 지나가는 사람들을 보고 있노라면 그 수많은 얼굴 중에 친절한 얼굴은 단 하나도 없다는 것을 알게 되죠. 또 불이 켜진 창문 안을 들여다보고 있노라면 사람들은 식탁을 둘러싸고 앉아 있지만 그 어디에도 내 자리는 없었죠."

"그런데 마겟 아줌마의 생각처럼 이상한 일이 일어났어요. 스코틀랜드의 고지 사람이 되는 것이 좋은 일이라는 생각이 들었어요. 미래가 있기 때문이지요. 부상당한 사슴이 어딘가 숨으려고 하는 그 심정을 아줌마는 잘 아실 거예요. 나는 교회로 몰래 들어가 어두운 곳으로 가서 무척 울었어요. 그러자 그곳 사람들의 모습, 왁자지껄하는 시끄러운 소리, 여러 집들의 모양새가 언덕에 핀 안개처럼 내 머릿속에 스쳐 지나갔어요. 나는 아버지와 함께 교회로 걸어가고 있었어요. 그리고 사람들이 전부 자기 자리에 앉아 있는 것을 보았어요. 나는 시편에 있는 말씀을 듣고 있었고, 창문 밖의 푸른 들판을 보았고 그 끝에 있는 거위도 보았지요. 그리고 우리 집을 보았어요. 문 바로 앞에는 개들이 있었고 내가 심어 놓은 꽃들과, 우유를 먹으러 오고 있는 양들이 있었어요. 나는 내가 노래하는 것을 듣고 있었는데 그러고 나서 깨어났습니다.”

“그런데 그때 정말로 노랫소리가 들렸고 그 소리는 아름다웠습니다. 어두웠던 교회의 문은 열려 있었고, 예배 시간이 되어서 사람들이 하나님께 예배를 드리고 있었습니다. 내가 들은 노랫소리는 사람들이 ‘보혈로 가득한 샘물’ 이라는 찬송가를 부르는 소리였습니다.

그래서 나는 예배실 안으로 들어가 문 쪽에 앉았어요. 설교 말씀은 집을 나간 탕자에 관한 것이었어요. 내가 기억하는 말씀은 ‘너는 결코 잊혀지거나 버림받지 않는다’ 는 것이에요. ‘너를 기다리고 있는 사람이 있다’ 는 내용인데, 목사님은 ‘몹시 기다린다, 기다린다, 기다린다’ 라는 말씀을 계속하셨어요.

이런 말씀도 있었어요. ‘여러분들이 어떤 화초를 심고 매일매일 그것을 가꾸며 돌보았는데 어느 날 그것을 도둑 맞았다고 합시다. 여러분들은 그 화초를 보고 싶어하지 않으시겠습니까?’ 그때 나는 내가 심은 제라늄이 생각이 났어요. 그래서 ‘그렇지요.’ 라고 가슴속으로 대답했어요.

그가 계속해서 말씀하시기를 ‘어떤 목자가 자기의 양들을 세어 보다가 한 마리가 없어진 것을 알았다면 언덕으로 돌아가 그 잃어버린 양을 찾지 않겠습니까?’

그때 나는 엄마 잃은 양 한 마리를 품에 안고 있는 아버지를 보았어요.

내 마음이 내 안에서 녹는 것 같았어요. 목사님은 계속 말씀을 하셨어요. '만일 어떤 아버지에게 딸이 하나 있는데 그 딸이 집을 떠나 사악한 도시에서 방황하고 있다면 그녀의 집에서는 지금도 여전히 그녀를 생각하며 기다리고 있지 않겠습니까? 그녀를 위한 빈 의자 하나가 항상 그곳에 있을 것입니다.'

나는 홀로 성경을 가지고 계신 아버지를 보았어요. 그리고 머리를 무릎까지 푹 수그리고 있는 개들도 보았어요. 그런데 플로라는 그곳에 없었어요.

나는 깜깜한 바깥으로 뛰쳐나가서 '아버지' 하고 울부짖었어요. 그러나 나는 돌아갈 수 없었어요. 어찌해야 좋을지 몰랐어요. 그러나 '누군가가 너를 기다린다' 라는 목사님의 말씀이 계속 귀에 맴돌았고 나는 이 말씀이 하나님께서 나에게 주시는 말씀이 아닐까 하고 생각해 보았어요.

'맞아. 이는 분명히 하나님의 뜻이야.' 라고 생각하고는 내 방으로 돌아갔는데 거기서 아줌마가 보낸 편지를 보았어요.

그것은 내가 집으로 돌아오는 기차에 타기 불과 얼마 전의 일이었어요. 그리고 밤새도록 아줌마의 편지를 손에 쥐고 있었어요. 두려운 생각이 들 때마다 '너의 아버지께서 너를 전보다 더욱 사랑하신다' 라고 쓰신 곳을 읽고 또 읽었어요. 그리고 스스로에게 '이것은 나를 향한 말씀이야' 라고 말했죠. 오, 그래요. 하나님께서는 나에게 은혜를 베푸셨어요. 나는 집으로 가는 길에 다른 어떤 친구도 필요치 않았어요.

잃어버렸다가 다시 찾은 딸

"그런데 너에게 꼭 해야 할 이야기가 있단다. 그리 쉬운 일은 아니지만 말이야." 아버지는 방으로 들어오시면서 말씀하셨다.

그는 가족 성경책을 가지고 와서 가족 이름이 쓰여 있는 그곳을 펼쳤다. 그곳에서 플로라의 이름은 지워져 있었다. 그리고 그는 그것을 플로라 아래에 놓고 그의 머리를 침대에 박고 말했다.

"이 아버지를 용서할 수 있겠니?"

"마겟 아줌마, 제게 펜을 하나 주세요."

플로라는 몇 분 동안 무엇인가를 그곳에 쓰고 있었고 그 동안 라클란은 조금도 움직이지 않았다.

그가 고개를 들고 읽었다.

"플로라 캠벨
1873년 4월 잃어버렸다가
그 해 9월에 다시 찾음."

이안 맥클라렌(Ian Maclaren)이 지은
『Bonnie Brier Bush 옆에서』
(Dodd, Mead and Company, 1895)에서 인용함.
이 책은 더 이상 출판되지 않지만
오래된 서점들을 다니며 찾아서 읽을 만한
가치 있는 책이다.

탕자를 사랑하는 사람들을 위하여

하나의 죄인을 더 

죄악 가운데 형통하는 것은 이 땅에서 인간에게
닥칠 수 있는 가장 무서운 재앙이다.

– 존 트랩, 17세기

나는 당신을 느지막이 사랑했습니다.
느지막이 사랑했습니다, 하나님.
그러나 그토록 늦지는 않았지요.
아직도 당신께서는 사랑하시는 마음으로 은혜로
우신 마음으로 또 한 죄인이 돌아오기를 기다리고
계신다는 확증을 주시기 때문입니다.

– 어거스틴

내 영혼과 예수 그리스도를 묶고 있는 첫번째 연
결 고리는 나의 선함이 아니라 악함이며, 나의 잘남
이 아니라 못남이며, 나의 일어섬이 아니라 넘어짐
이고, 나의 풍부가 아니라 모자람이다.

– 찰스 스펄전

하나님을 묵상

"내가 나의 침상에서 주를 기억하며 밤중에 주
를 묵상할 때에 하오리니"

– 시편 63: 6

캄캄한 밤, 마음이 공허할 때 어떻게 하나님을
묵상할 수 있을까? 아래에 있는 성경 말씀들을 찾
고 연구해서 당신의 마음을 하나님과 하나님의 말
씀으로 먹이는 것을 지속적으로 하라.

욥기 11:7- 8
욥기 12, 26장
욥기 38 ~ 41장
시편 147:5
이사야 40장(특히 28절)
이사야 43장
로마서 11:33
요한일서 3:20

우리가 하나님께 가장 중요하게 구해야 할 것은
하나님, 즉 전능하신 하나님에 대한 믿음이다. 우
리를 뒤흔드는 어려운 문제들로 답답하게 우겨싸
임을 당하게 될 때, 그 일의 한계를 보지 말고 하나
님의 무한하신 능력을 재발견하라.

– 찰스 E. 카우만 부인

요셉의 어머니였다면

내가 요셉의 어머니였다면
형들로부터 보호하시기를
기도하였으리라.
"하나님, 그를 안전하게 지키소서.
그는 아직 어리고
형들과는 다릅니다."
다행히도
그녀는 결코 알지 못하였네.
그의 앞에 놓여 있는 노예와 감옥의 삶을.

내가 모세의 어머니였다면
어린 아들 살리시기를
기도하며 울부짖었으리라.
나일강으로 던져지는
이 아기를
그녀가 잊어주길 바라며.
그녀를 위하여
그에게 젖먹이며
지켜 주지 않았다면
그녀는 단지 공주 그대로 살아갔고
그는 내 아들이 되지 않았을까?

내가 다니엘의 어머니였다면
나는 간구하였으리라.
"승리하게 하소서.
– 하나님을 모르는 무자비한
저 바빌론 약탈자와의 전쟁에서–
그를 포로로 끌려가지 않게 하소서.
– 차라리 죽게 하소서.
전능하신 하나님!

내가 마리아였다면
아, 내가 정말 그녀였다면
나는 부르짖었으리라.
어느 어머니도 할 수 없는 울부짖음으로
"오! 하나님, 다른 길은
다른 길은 …
– 그러나 못 박히셨네."

이같이 끈질기게 기도하며
나의 미련한 지혜는
하나님의 무한한 지혜와 부딪혔네.
하나님!
주의 완전한 지혜가 승리하셨으니
얼마나 다행입니까.

권위

로마의 한 백부장은 예수님의 권위가 하나님의 권위에 순종함으로써 얻어진 것이라는 것을 깨달았다. 예수께서는 말씀하셨다.

"내가 항상 그의 기뻐하시는 일을 행하므로…"

(요 8:29)

"나의 양식은 나를 보내신 이의 뜻을 행하며…"

(요 4:34)

"아버지여 할만하시거든… 그러나 나의 원대로 마옵시고 아버지의 원대로 하옵소서…"

(마 26:39, 눅 7:8 참조).

우리 크리스천 부모들의 권위는 하나님의 권위에 균형 있게 복종함으로써 부여받아야 한다.

이런 복종은 단 한 번의 행동으로 이루어지는 것이 아니다. 날마다 매 순간마다 행해야 하는 것이다.

"자녀들아… 네 아버지와 어머니를 공경하라…"

– 에베소서 6:1-2

"아비들아 너희 자녀를 노엽게 하지 말고 오직 주의 교양과 훈계로 양육하라"

– 에베소서 6:4 필립스 역

"아비들아, 자녀들을 자극하여 노엽게 하지 말
아라. 그들을 격분시켜 분노로 이끌지 말아라.
오직 부드러움으로 그들을 양육하고 주의 교양
과 훈계로 하라."

– 에베소서 6:4 확대 해석

사랑은 무엇을 해야 할지 알고 있다

사랑하는 사람을 위해서는 두려움이 없다. 날마다, 그리고 지금 이 시간까지도.

사랑은 내가 그를 위해 무엇을 해야 할 것인가를 말해 준다.

내가 가슴 깊이 사랑하는 그 사람은 하나님의 가슴에도 소중한 것이다.

– 에이미 카마이클

용기

훈계는 하나의 분명한 특징을 가져야 하는데 그것은 반드시 용기를 주는 것이어야 한다는 점이다.

– 윌리엄 바클레이, 롬 12:8을 읽고

자녀 양육에 대한 묵상

"이스라엘아 들으라 우리 하나님 여호와는 오직 하나인 여호와시니 너는 마음을 다하고 성품을 다하고 힘을 다하여 네 하나님 여호와를 사랑하라 오늘날 내가 네게 명하는 이 말씀을 너는 마음에 새기고 네 자녀에게 부지런히 가르치며 집에 앉았을 때에든지 길에 행할 때에든지 누웠을 때에든지 일어날 때에든지 이 말씀을 강론할 것이며"

— 신명기 6:4-7

"하나님, 내 힘으로 변화시킬 수 없는 일들을 받아들일 수 있는 평정을 주시고, 내 힘으로 변화시킬 수 있는 일들은 변화시킬 수 있는 용기를 주소서. 그리고 그 두 가지를 구별할 수 있는 지혜를 주소서."

— 아시시의 성 프란시스

외경에 나와 있는 말씀 중 "그는 주는 것은 거의 없으면서 야단 치기는 많이 한다."는 말씀이 있다. 우리 어머니들은 얼마나 자주 이같이 행동하는가? 최소한 나의 경우는 그렇다. 오비디우스는 "아이들에게 벌 주기는 천천히 하고 상 주기는 속히 하라."고 말했다.

끊임없이 그를 위해 기도하는 것은 날마다 그를
칭찬받는 사람으로 만드는 것이다.

주님은 부드럽게 나를 찾으셨네

주님은 부드럽게 나를 찾으셨네
죄악으로 지치고 병든 나를
당신 어깨에 메고
다시 양 떼 가운데로 데려오셨네.
주님 앞에서 천사들이 찬송하며
천국 잔치 알리는 종이 울릴 때까지.
오, 나를 찾고 찾으신 그 사랑
오, 나를 사신 그 보혈
오, 나를 양 떼로 다시 데려오신 그 은혜
놀라우신 은혜로 주님은 나를 양 떼 가운데로 다시
데려오셨네.

주님이 피를 흘려 죄의 상처 씻기셨네
기름과 포도주를 부으셨네.
내게 확신 주고자 속삭이셨네
"내가 너를 찾았으니, 너는 내 것이라."
그토록 감미로운 소리는 들어 본 적이 없어라.
내 가슴의 고통을 기쁨으로 바꾸셨네.
오, 나를 찾고 찾으신 그 사랑
오, 나를 사신 그 보혈
오, 나를 양 떼로 다시 데려오신 그 은혜

놀라우신 은혜로 주님은 나를 양 떼 가운데로 다시
데려오셨네.

주님은 못 자국난 손을 가리키셨네
나 때문에 그는 피 흘리셨네.
그의 머리에는
조롱받는 가시 면류관 있네
그토록 엄청난 죽음의 고통을 당하시며
그분은 내 안에서 무엇을 보셨을까.
오, 나를 찾고 찾으신 그 사랑
오, 나를 사신 그 보혈
오, 나를 양 떼로 다시 데려오신 그 은혜
놀라우신 은혜로 주님은 나를 양 떼 가운데로 다시
데려오셨네

나는 주님과 함께 앉아 있네
그 얼굴은 햇빛같이 찬란하네
놀라움으로 그의 축복 따라가며
주님 찬양하기에 영생의 날들은 너무도 짧은 것 같아라.
오, 나를 찾고 찾으신 그 사랑
오, 나를 사신 그 보혈

오, 나를 양 떼로 다시 데려오신 그 은혜
놀라우신 은혜로 주님은 나를 양 떼 가운데로 다시
데려오셨네.

시간이 흘러가는 사이
지금 내게 남은 것은 완전한 안식뿐이네.
나는 아침을 기다리네
가장 밝은 최고의 아침을
주님께서 우리를 당신에게로 부르실 때
흠이 없는 신부로 그와 함께 있으리.
오, 나를 찾고 찾으신 그 사랑
오, 나를 사신 그 보혈
오, 나를 양 떼로 다시 데려오신 그 은혜
놀라우신 은혜로 주님은 나를 양 떼 가운데로 다시
데려오셨네.

* * *

이 찬송은 나를 중국에서 보낸 어린 시절로 되돌아
가게 한다. 나는 그 시절 이 후로 이 찬송가를 아주 좋
아했다. 주께서 부드러움으로 나를 찾으셨다면 동일한
부드러움으로 내 아이들도 찾으실 것이다.

그들을 하나님의 손에 맡겨라 

"내가 너를 대적하는 자를 대적하고
네 자녀를 구원할 것임이니라"

– 이사야 49:25 하

이사벨 쿤은 암으로 죽어 가면서 "경기장에서(In the Arena)"라는 글을 통해 다음과 같이 말했다. "내가 죽어서 나의 사랑하는 사람들의 곁을 떠나게 되면 이들은 어떻게 될까? 지금까지 나에게 다정하셨던 나의 하나님께서 내게 하셨던 그 이상으로 그들을 다정하게 어루만지실 것이다."

하나님의 약속은 때로는 시간적으로 좀 지체되는 것같이 보이지만 결국은 성취될 수밖에 없다. 하나님께서는 얼굴을 숨기실지라도 자신의 마음을 돌이키시지는 않으신다. 그래서 기도가 즉시 응답되지 않는다 할지라도 결코 내던져지는 법은 없다.

– 티모시 크루소

"소망의 하나님이 모든 기쁨과 평강을 믿음 안에
서 너희에게 충만케 하사 성령의 능력으로 소망
이 넘치게 하시기를 원하노라"

– 로마서 15:13

하나님께서 그 얼굴을 찌푸리실 때에는 그분의
마음속에 있는 사랑을 읽을 수 있는 것이 믿음이다.

– 제임스 렌윅 (스코틀랜드의 맹약자)

하나님의 영광을 바라보는 것

"주의 행사를 주의 종들에게 나타내시며, 주의 영광을 저희 자손에게 나타내소서"(시 90:16).

이 말씀은 단어의 순서적 배열에 있어서 합당한 이유를 갖고 있다. 하나님은 그의 행사를 분별력 있는 사람들에게 나타내신다. ─그러나 우리의 자녀들에게 하나님의 영광이 나타난다는 것은 굉장히 중요한 일이다. 그의 영광을 바라봄으로써 주의 행사가 더욱 가치 있게 되는 것이다. 우리 주님도 역시 그러하셨다. "저는 그 앞에 있는 즐거움을 위하여 십자가를 참으사"(히 12:2).

사람들은 일단 그의 영광을 바라보게 되면 기꺼이 자기의 모든 것을 잃어버리는 고통을 겪는다. 가치 있게 생각하던 그 모든 것을 예수 안에서 승리할 것이라고 믿으면서 내던져 버린다. 이사야는 평생을 하나님을 위하여 애쓰다가 무서운 죽음을 맞았다. 그러나 그는 하나님의 영광을 우선 바라보았다. 에스겔도 먼저 하나님의 영광을 바라보았다. 그리스도인을 박해하는 자의 괴수였던 바울은 주님의 포로가 되어서 주를 위하여 애써 일하고 이곳 저곳을 돌아다니며 복음을 전하면서 다른 사람들은 거의 당하지 않았던 수많은 고통도 받았다. 그러나 그는 하나님의 영광을 우선 바라보았다. 베드로, 야고보, 요한도 다른 사람들이 당하지 않은 모진 고통을 당했다. 그러나 이들도 하나님의 영광을 우선 바라보았다.

부모로서의 우리들은 우리의 삶 속에서 당면하고 있는 문제들이나 어려움, 두통이나 고민, 요통 같은 것에 대해 말하는 것보다 하나님의 영광에 대하여 더 많이 이야기하고 있는지 생각해 보아야 한다. 진심으로 나 역시도 우리의 자녀들이 어릴 때에 그들에게 위와 같은 어려움들을 언급하는 것이 과연 현명한 일이었을까 하는 의문이 가기도 한다.

하나님! 당신은 사랑이십니다!

하나님! 당신은 사랑이십니다!

나는 그 위에 믿음의 집을 짓습니다.

나는 당신을 알고 있습니다.

나의 슬픔을 위로하시며

나의 가는 길을 인도하셨고

어둠 속에서 나를 위하여 빛을 만드셨습니다.

그래서 그 슬픔은 장엄한 기쁨과도 같이

내게 다가왔습니다.

당신의 그 사랑을 의심한다는 것은

참으로 이상한 일일 것입니다.

- 로버트 브라우닝의 『성령』(*Paraclesus*)에서

파일럿의 얼굴

나는 소형 비행기를 타고 버지니아의 셰난도 밸리(Shenandoah Valley)로 여행하고 있었다. 구름이 낮고 짙게 깔려 있었다.

"이런 날씨에 이렇게 작은 비행기를 타고 여행하시다니… 제게 돈을 지불하지 않으셔도 되겠어요."라고 공항으로 가는 중에 운전사가 말했다.

그러나 나는 이 비행기 조종사를 신뢰했다.

비행기가 이륙하면서 구름을 뚫고 위로 치솟아 올라갔을 때 나는 조종사의 얼굴을 쳐다보았다. 그의 얼굴에는 아무 걱정 근심도 없었으며 오직 면밀한 주의력과 침착한 실력만이 나타나 있었다

그는 뒤를 돌아보면서 자신이 어땠었는지 물어보았다.

"아주 잘 하셨어요."라고 나는 대답하였고 진심으로 그렇게 생각했다.

나는 세상 뉴스나 친구의 죽음, 그리고 계속되는 엄청난 부정 사건들에 대해 우리가 어떻게 반응하고 있는가를 생각해 보면서, 우리의 어린 자녀들은 이런 우리 어른들의 행동을 얼마나 지켜보고 있을까 하는 생각을 했다.

자녀들은 우리들의 태도를 보고 그대로 배운다.

사랑하는 사람들을 데려옵니다

내가 사랑하는 사람들을
당신에게 모두 데려옵니다.
그들을 당신의 사랑이 가득한
돌보심에 맡깁니다.
그리고는 당신에게 그대로 두지 않고
다시 데리고 돌아갑니다.
죽기 위하여 이 땅에 오셨으며
—그리고 다시 살아나신—
나보다 이들을 더 사랑하시는
당신을 잊어버리면서.

그래서 나는
마음의 무거운 짐을
다시 지고 돌아옵니다.
오직 당신을 향한
믿음이 부족함을
고백하면서
내가 할 수 없는 모든 것들을
하실 수 있는
당신에게 간구하면서.

당신은 모든 인생들의 마음과
모든 감추어진 고통과
모든 상처를 아시며
이 고통과 상처를 만든 이들도
알고 계십니다.
우리는 이들을 당신에게 데려옵니다.
─단연코 우리에게보다 당신에게 더 소중한 이들을─

나는
이제 다시
감사하는 마음으로
그들을 당신의 사랑스러운 돌보심에 맡깁니다.
이제는 당신 앞에 그대로 둡니다.

모두 다 잘되었다 

"그때에 내가 금식을 선포하고 우리 하나님 앞에
서 스스로 겸비하여 우리와 우리 어린 것과 모든
소유를 위하여 평탄한 길을 그에게 간구하였으니"

— 에스라 8:21

"그는 우리의 간구하심을 들으시고"(스 8:23).
이것을 녹스는 다음과 같이 번역했다.
"모든 것이 다 잘되었다."

하나님으로부터의 최고의 선물

하나님이 내게 주신 최고의 선물인 사랑이

나의 본성에 가득해서

그분 자신의 사랑을

나의 것과 견줄 수 있다고

생각하지는 않는가?

그렇다면 주객이 바뀌게 되나?

피조물이 창조주보다 우월하게 되나?

– 종말이다. 어떻게 시작되었기에?

무기력한 열망만으로

그를 위하여 기꺼이 온 힘을 다하며

하나님 한 분으로서는 그를 도울 수 없다고

감히 생각한다면

혼자 힘으로 그를 도울 수 있는 자는 누구이랴?

– 로버트 브라우닝(Robert Browning)의 『사울』에서

그에게서 배워라 - 마태복음 11:29 

우리 주님의 무거운 짐을 가볍게 하는 것은 그분의 온유와 겸손이다. … 이것은 주님께서 몸소 당하신 체험으로부터 얻어진 것이다. 그는 우리에게 말씀하신다. "나는 마음이 온유하고 겸손하니 나의 멍에를 메고 내게 배우라 그러면 너희 마음이 쉼을 얻으리니 이는 내 멍에는 쉽고 내 짐은 가벼움이라 하시니라" 어떠한 일을 당하더라도 주님께 나아가라. 주님께서 생각하고 계시는 것은 당신과 당신의 무거운 짐을 위해서 유익하다. 주님께서는 당신의 마음 깊은 곳에 또 다른 마음을 주시기 시작할 것이다. 즉, 당신에게 온유하고 겸손한 마음을 주실 것인데, 이 마음은 당신을 넘어지게 하는 무거운 짐이 아니다. 당신을 넘어지게 하는 것은 당신의 교만과 반항적 이기심이며 또한 자신만을 기쁘게 하려는 마음이다. … 만약 하나님께서 우리의 행동과 죄를 따라 상벌을 내리셨다면 당신은 하나님께서 용서와 평화와 영원한 삶으로 이끄시는 그 길이 잘못되었노라고 따져 보는 지금 이 시점에 있을 수조차 없을 것이다.

어둡고 침울한 마음으로

어둡고 침울한 마음으로
나는 기도하지 못하네.
기도할 말이 아무것도 생각나지 않는 이 순간을
어떻게 표현할 수 있을까?

마음을 괴롭게 하는 염려와
감당할 수 없는
사랑에 대한
막연하고도 불길한 예감이
나의 기도를 방해하네.

그리고는
권태와 허무의 안개 속에서
조용히
오직 주님만이 은혜로우심을
발견하네.

-1980년 9월

할 수 있는 일과 할 수 없는 일 

어머니로서 우리가 할 수 있는 일들은 반드시 우리 스스로 감당해야 하며 우리가 할 수 없는 일들에 대해서는 하나님을 신뢰해야 한다. 우리는 가족들을 사랑해야 하고 그들에게 이 사랑을 확인시켜 주어야 한다. 그들을 격려해야 하고, 가르쳐야 하며, 그들의 이야기를 들어주고 그들이 원하는 것을 돌보아 주어야 한다.

그러나 우리는 의에 주리고 목말라하는 마음을 갖도록 할 수 없다. 이러한 일들은 기적에 속하는 일이며 기적을 일으키는 일은 우리가 할 수 있는 일이 아니다.

내가 할 수 있는 것	하나님께서 하실 수 있는 것
사랑을 표현	죄에 대해 깨닫도록 하는 일
지속적인 믿음을 갖고 지적으로 논리적으로 기도하는 것	의에 주리고 목마른 마음을 갖도록 하는 것
기쁨으로 엄마의 역할 감당	개종
따뜻하고 행복한 가정을 만드는 것	온전한 헌신
가능한 한 최대한으로 가족들이 원하는 육체적, 감성적 욕구를 들어주는 것	우리 자신의 진실된 모습을 볼 수 있도록 하는 일 (낙심하지는 않으면서도)
	우리 삶의 성화와 하나님의 도우심을 위하여 계속적으로 성령 충만함을 받는 일

4장 피오도르 도스토예프스키

- F. W. 보어햄

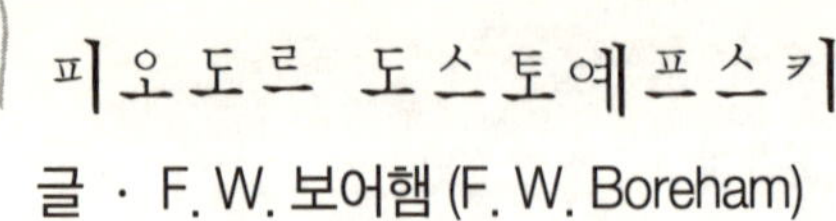

피오도르 도스토예프스키

글 · F. W. 보어햄 (F. W. Boreham)

당신은 지금은 내 말을 믿지 못하실 거예요.
그러나 언젠가 저절로 믿게 될 날이 오겠지요.
왜냐 하면 고통을 당한다는 것은 … 굉장한 일이기 때문이지요.
- 『죄와 벌』에서, 라스콜리니코프(Raskolnikoff)

30명의 젊은이들이 수의를 입은채(거의 벌거벗겨졌으며) 교수대로 끌려갔다. 그날 아침은 몹시 추웠고 기온은 영하로 떨어졌다. 매장식의 선언문이 천천히 낭독되는 동안 죄수들은 30분 동안 서 있어야만 했다.

군인들은 이들을 마주보면서 머스켓 총을 들고 서 있었다. 경내 저 구석에는 마치 죽음을 연상시키기라도 하듯 관들이 쌓여 있었다. 거의 마지막 순간이었다. 군인들의 어깨에 머스켓 총이 올려져 있을 때 하얀 깃발이 흔들렸고 러시아 황제가 사형 선고를 10년 간의 시베리아 추방형으로 바꾸라는 영을 내렸다고 공표되었다. 죄수 중 몇 명은 너무 긴장한 나머지 정신을 잃었고 다른 몇 명의 죄수들은 그 일이 있고 난 뒤 얼마 후에 죽고 말았다.

피오도르 도스토예프스키(Fiodor Dostoyevski)는 용감하게 견디며 혹독한 시련을 잘 통과했지만 이것은 그의 신경 조직에 큰 영향을 미쳤다. 그는 그 당시의 일들을 회상할 때마다 몸서리쳤으며, 몇 권의 작품 속에서는 그 당시에 겪었던 일들이 공포심으로 언급되고 있다.

그는 결국 1849년 크리스마스 이브에 옴스크(Omsk)라는 곳을 향해 대단히 끔찍한 여행을 떠났고 그 후 시베리아에 남아 있게 되었다. 그는 그곳에서 산채로 땅 속에 매장되어 꼼짝도 할 수 없는 사람처럼 살아야만 했다.

신약성경과 25루블

그가 그 황량한 곳에 도착했을 때 사무관이 등을 돌리고 있는 틈을 이용해 두 명의 여자가 다가와 신약성경 한 권을 손에 쥐어 주었다. 그리고는 틈나는 대로 자세히 읽어 보라고 작은 소리로 말하였다. 그는 책갈피 사이에서 25루블의 돈도 발견하였다. 그 당시 그 돈은 그에게 큰 위로가 되었지만 신약성경이야말로 25루블의 돈에 비할 수 없는 한없는 위로가 되었음이 나중에 입증되었다.

그의 딸인 에이미(Aimee)는 『피오도르 도스토예프스키에 관한 연구』라는 책에서 그 조그마한 신약성경은 그의 시베리아 유배 시절에 유일한 위로였다고 말하고 있다.

그는 그 소중한 책을 처음부터 끝까지 연구하고 모든 말씀 하나하나를 깊이 묵상하였다. 그렇게 함으로써 그는 가슴속 깊이 많은 것을 알게 되었고 그 모두가 결코 잊을 수 없는 것들이 되었다. 그의 모든 작품은 이 소중한 책의 말씀으로 흠뻑 젖어 있으며 또한 이 책은 그의 모든 작품 들에게 큰 힘을 주었다.

많은 팬들은 그의 인생에 있어서 문학적 재능이 형성되는 가장 중요 한 이 시기에 그가 읽어야 할 책이 오직 하나님의 말씀밖에 없었다는 것 이 굉장히 이상한 우연이라고 말을 한다. 그것은 우연이었을까? 우리의 삶 가운데서 그러한 일이 우연히 일어날 수 있을까? 예수님께서 하시던 일은 아직 끝나지 않았다. 그는 모든 세대에서 당신의 제자들을 선택하 시고 또 예수님 자신을 따라오라고 손짓하신다. 그리고 갈릴리의 가난한 어부들에게 사람들의 마음을 움직이는 능력을 주셨던 것처럼 그들에게 도 동일한 능력을 주신다.

에이미 도스토예프스키는 그 당시 아버지에게 신약성경이 전달된 것은 오직 하나님의 섭리였음을 믿었다. 그녀는 "아버지의 전 생애를 통하여 그가 오랫동안 감옥 안에서 보았던 그 성경을 지니지 않았던 적이 없었다."고 덧붙였다. 성경은 그의 인생에서 가장 어두웠던 시절 에 그를 위로해 준 신실한 친구였다. 그는 여행할 때마다 항상 그 성경 을 가지고 다녔고 그 성경은 언제나 그의 손이 닿을 수 있는 곳인 글 쓰는 책상 서랍 속에 보관되었다. 그는 인생에서 중요한 순간을 만날 때마다 그것을 찾아보곤 하였다.

탕자를 발견하다

시베리아에서 도스토예프스키는 성경에 쓰여 있는 탕자의 비유가 주는 아름다움을 발견했다. 시베리아는 아주 멀리 떨어진 지방이었으며, 그가 돼지들과 쥐엄 열매 같은 것들 속에서 탕자들을 만나게 된 곳이기도 했다. 그와 함께 있던 그의 동료들은 하류 계층 중에서도 하류에 속하는 사람들이었고 타락한 사람들 중에서도 타락한 자들이었다.

그는 말하기를 "벌써 오래 전에 부숴 버렸어야 할 아주 오래된 형편없는 목조 건물을 한번 상상해 보라. 여름에는 견딜 수 없이 덥고, 겨울에는 견딜 수 없이 춥다. 모든 판자들은 다 썩었다. 바닥에는 일 인치 두께의 오물이 쌓여 있고, 그곳을 걸어 다니는 사람들은 너 나 할 것 없이 모두 위험하게 미끄러졌다. 작은 유리창에는 서리가 너무 많이 끼어서 사람들은 바깥을 볼 수 없었고, 창유리 속에 끼어 있는 얼음은 한 3인치 정도로 두꺼웠다. 우리들은 마치 드럼통 안에 갇혀 있는 청어와도 같았다. 분위기는 더군다나 말할 수 없을 정도였다. 죄수들에게는 돼지에게서나 나는 듯한 악취가 풍겼고 쥐들이 득실거렸다. 우리는 아무것도 깔지 않고 판자때기 위에서 잠을 잤다.

도스토예프스키는 이토록 구역질나고 열악한 환경 속에 있었다. 얼핏 보기만 해도 그의 첫인상은 결코 매력적이지 못했다. 그는 체구가 왜소했고 마른 편에 속했다. 어깨는 둥그스름했고 목은 굵었다. 게다가 얼룩덜룩한 죄수복을 입고 있었는데 바지의 한 쪽은 검정색이었고 다른 한 쪽은 회색이었다. 그의 코트도 마찬가지로 여러 색으로 지어졌고 머리는 절반 정도 깎여 있었으며 늘 깊은 생각에 잠겨서 반쯤 숙이고 있었다.

얼굴의 반은 러시아 농부의 얼굴이었고 반은 풀이 죽은 범죄자의 얼굴이었다. 그는 숫기가 없었고 말이 없었으며 못생긴 편에 속했고 대하기에 편한 사람 같아 보이지 않았다. 그는 납작한 코를 갖고 있었고 신경성으로 떨고 있는 속눈썹 밑에는 작으면서도 무엇인가를 꿰뚫어 보는 듯한 눈을 갖고 있었으며 숱이 많은 턱수염을 정리하지 않은 채 기다랗게 기르고 있었다. 또한 그에게는 간질병 증세가 있다는 것이 뚜렷하게 나타나 있었다. 그를 쳐다보고 있자면 누구나 이 모든 것을 금방 알 수 있었고 그를 쳐다보게 되는 것은 결코 그가 매력이 있어서가 아니었다.

그러나 시인인 네크라소프(Nekrassov)는 그를 우리에게 다른 모습으로 설명한다. 그와 함께 한 죄수들도 이 시인과 같이 그를 바라보았다. 네크라소프는 도스토예프스키를 굉장히 장엄하게 묘사한다. 그는 신약성경을 손에 들고 같이 있는 죄수들에게 성경 이야기를 들려주기도 하고 또 은혜와 평강을 주는 성경 구절을 읽어 주기도 하면서 그들 사이를 돌아다녔다. 그들이 하나님을 모독한다거나 술을 너무 많이 마시는 것을 볼 때면 부드럽게 야단치기도 하고, 또 시에 대하여, 학문에 대하여, 하나님에 대하여, 예수 그리스도의 사랑에 대하여 이야기해 주기도 하는 그의 모습은 그들에게 마치 선지자와도 같았다. 탕자가 아버지의 품과 아버지의 집으로 돌아갈 수 있도록 그 길을 가르쳐 주는 것이 도스토예프스키의 목적이었다.

바로 그러한 일이 그가 신약성경에서 발견한 보물이었으며, 또한 탕자의 비유 이야기 중 가장 아름다운 부분이었다. 그와 같은 그의 역할은 아버지께로 가는 길을 밝히 보여 주었다.

"사람이 불행에 처해 있을 때 더욱 분명히 진리를 알게 된다."라고 그는 시베리아에서 편지를 보냈다. "그리고 하나님께서는 내게 완전한 평강의 시간을 주셨다. 이토록 평강이 넘치는 시간에 나는 내가 하나님으로부터 사랑받고 있다는 사실을 사랑했고 믿게 되었다. 또한 나는 모든 것이 분명하고 경건했던 이곳에서 하나의 신념을 갖게 되었다. 이 신념이란 대단히 간단한 것인데 바로 이것이다. 우리의 구세주 되신 예수보다 더 소중한 것도, 심오한 것도, 동정 어린 것도, 합리적인 것도, 인간적인 것도, 완전한 것도 없다는 것이다. 그래서 나는 예수님과 같은 사람은 존재하지도 않을 뿐더러 그와 같이 될 수 있는 사람도 없다고 하나님을 깊이 사랑하는 마음으로 나 자신에게 말한다.”

그는 무릎 꿇고 그를 시베리아 벌판으로 보내신 하나님께 감사했다. 향수병으로 집을 그리워하는 회개한 탕자로서 그가 아버지의 집으로 가는 길을 발견할 수 있었던 것은 바로 그곳에서의 두려움과 외로움 때문이었다.

죽음 가운데 있었던 그에게 하늘의 문을 열어 준 이 탕자의 비유는 그때 이후로 항상 그의 마음 가운데 있었다.

파산이 목전에 닥치다

시베리아로부터 돌아온 이후 그의 삶은 결코 쉽지 않았다. 죽은 형의 빚을 기꺼이 떠맡음으로써 그의 재정 상태는 아주 복잡하게 되었다. 게다가 그는 어느 악덕 출판업자와 소설 한 편을 쓰기로 계약을 맺었는데 정해진 날까지 끝을 내지 못하면 모든 판권 소유가 출판업자의 소유로 넘어간다는 조건이었다. 그러면서 그는 그 출판업자의 손아귀에 붙들리고 말았다.

점점 정해진 날이 가까워지고 그 전에 이 일을 끝마칠 수 없다는 것
이 분명해지자 파산이 그의 목전으로 닥쳐왔다. 어떤 사람이 그에게 속
기사를 구해 보라고 권했지만 속기사는 좀처럼 구해지지 않았다. 그러
던 중 19세 된 한 젊은 여성이 속기를 할 수 있다고 나타났다. 그때는
여자 속기사에 대해 잘 알려지지 않았던 시절이었고 그래서 그녀는 사
람들이 자신을 채용하리라고는 생각하지 않았었다.

그 당시 도스토예프스키는 명성을 누리고 있었고 그 때문에 그녀의
부모들은 망설이지 않고 그녀에게 일을 시작하도록 허락했다. 소설가
의 집으로 가던 중 어머니는 딸에게 그 소설가를 처음 만나는 장면을
상상해 보라고 말했다.

"우리는 약 한 시간 정도 일하고, 문학에 대해 대화를 나누게 되겠
지."라고 그녀는 생각했다. 그러나 그 전 날 밤 도스토예프스키는 간질
병 증세를 일으켰고, 그래서인지 멍하게 얼이 빠져 있었으며 신경과민
에 안하무인격으로 행동했다. 그는 나이 어린 여성 속기사의 매력을
거의 의식하지 못했고, 마치 그저 보통의 타이피스트처럼 대우했다.
그는 소설의 첫 장을 거친 목소리로 읽으면서 그녀에게 받아쓰도록 했
으며, 빨리 받아쓰지 못한다고 불평했다. 그러고 나서 그녀에게 자기
가 읽은 부분을 다시 읽도록 하고 야단치면서 그녀가 자신을 잘 이해
하지 못한다고 단언하였다.

그녀는 풀이 죽어서 다시는 돌아오지 않겠다고 결심하고 그 집을
떠났다. 그러나 밤이 되자 다시 좋은 방향으로 생각하기로 하고 그 다
음 날에 자기의 일터로 다시 찾아갔다.

도스토예프스키는 점점 그녀가 아주 매력적인 젊은 아가씨일 뿐만

아니라 그의 천재적인 문학적 재능을 열렬히 찬양하는 팬임을 알게 되었다. 그는 자기의 고통스러운 문제를 그녀에게 솔직하게 털어놓았고, 그녀는 그를 무척 동정했다. 그녀는 단순히 소녀적 감상으로 그를 굉장히 멋지고 야망이 가득 찬 사람으로 상상했지만 그와는 반대로 한 병든 남자를 보게 되었다. 지쳐 있고, 거의 먹지 못하였고, 대단히 열악한 환경에서 돌보아 주는 사람은 아무도 없는 한 병든 남자가 무자비한 빚쟁이에 쫓겨다니고 이기적인 친척들에 의해 착취되고 있는 모습을 보았다.

짐을 나누어 지다

그녀는 도스토예프스키를 보호하고 그가 어깨에 짊어지고 있는 무거운 짐을 나누어 지며 그의 슬픔을 위로하기로 결심했다. 그녀는 자기보다 25세 이상이나 많은 이 남자를 사랑한 것은 아니었다. 그러나 그녀는 그의 아름다운 영혼을 보았고 그의 천재성을 존경했다.

그녀는 도스토예프스키를 악덕 출판업자로부터 구하기로 결심하고 그에게 받아쓰는 시간을 더 많이 가질 것을 산정했다. 밤에는 낮에 받아쓴 것을 베껴 쓰면서 지새웠다. 그리고 이 소설을 정해진 날까지 탐욕으로 가득 찬 악덕 출판업자에게 가져다 줄 수 있으리라는 긍정적인 마음으로 일을 했다. 그리고 얼마 후 도스토예프스키는 그녀와 결혼했다.

그 후 15년이 지났고 도스토예프스키는 죽음을 맞게 되었다. (그의 장례식 날은 바로 그의 결혼 기념일이었다.) 그의 딸이 회상하기를 "아버지는 우리를 모두 방으로 들어오게 했어요. 그리고 우리들의 작은 손을 잡으면서 엄마에게 탕자의 비유를 읽어 달라고 간청하였어요. 아버지는 생각에 잠겨서 눈을 감고 듣고 있었으며 '애들아' 하며 희미한 목소리로 말했어요. '지금 너희가 들은 말씀을 절대로 잊지 말아라. 하나님에게로 향한 절대적인 믿음을 갖고, 결코 하나님의 용서를 포기하지 말아라. 나는 정말로 너희들을 사랑한다. 그러나 나의 사랑은 하나님의 사랑과는 비교할 수 없단다. 너희들이 어떤 흉악한 죄를 지어서 대단히 불행할지라도 절대로 하나님을 단념하지는 말아라. 너희들은 그분의 자녀란다. 아버지에게 나아가듯이 그 앞에 겸손히 나아가서 용서를 구하여라. 그리하면 주께서는 탕자의 아버지가 탕자의 회개를 기뻐하신 것처럼 너희들의 회개함을 기뻐 받으실 것이다.' 라고 말씀하셨어요."

몇 분이 지난 후, 도스토예프스키는 승리의 개가를 울리며 운명했다. "나는 임종하는 것을 지켜보았어요."라고 에이미 도스토예프스키는 말했다. "많은 사람의 임종을 보았지만 어느 누구의 죽음의 순간도 내 아버지의 죽음처럼 찬란하지는 않았어요. 그는 삶의 마지막 순간을 두려움 없이 다가가고 있었어요."

슬프고 드라마틱한 일들을 많이 목격해 온 루시아도 피오도르 도스토예프스키의 장례식과 같은 행렬은 본 적이 없다고 했다. 4만 명의 사람들이 묘지로 향하는 그의 시신을 따라갔다. "도스토예프스키가 죽었다는 소식을 들었을 때 나는 나의 친척 중 하나를 잃은 것 같았습니다. 가장 가깝고, 가장 친하고, 내가 가장 필요로 하는 사람을 말입니다."라고 톨스토이는 말했다.

분명 우리들은 수많은 사람들의 마음을 흔들어 놓은 사람들 중에
한 사람을 이곳에서 보았다. 그는 그의 작품을 통해서 아직도 많은 사
람들에게 말하고 있다. 무슨 이유로 그의 작품들은 심오하면서도 널리
읽혀질 수 있었을까? 그것은 바로 그의 사상이 탕자의 비유에 깊이 뿌
리박고 있기 때문이다.

그는 그의 작품으로 알 수 있다

여러분들이 그의 작품 중 어느 한 권이라도 읽어 본다면 가장 사악
한 길로 나가 버린 자식들에 대한 아버지의 사랑을 깨달았던 도스토예
프스키의 사상을 알게 될 것이다. 『소유된 자』(*The Possessed*)의 마지
막 부분에서 스테판 트로피모비치(Stepan Trofimovitch)는 병에 걸린
다. 그리고 소피아 마테비예나(Sofya Matevyevna)는 그의 침대 옆에
앉아서 책을 읽고 있다. 그녀가 읽고 있는 것은 무엇일까? 바로 신약
성경 속의 두 개의 감동적인 말씀이다.

그의 작품 『죄와 벌』에서는 특히 예리한 장면들을 볼 수 있다. 이 책
은 양심에 고통을 받으며 자신을 괴롭히는 살인자로 라스콜리니코프
(Raskolnikoff)를 묘사한다. 그는 한밤중에 호수 주변에 있는 소냐
(Sonia)의 누추한 오두막으로 기어 올라간다. 소냐는 도시 생활에서 내
팽개쳐지고 표류하는 화물과 같은 존재를 상징한다. 이 두 사람의 관
계는 일종의 동정심을 내포하고 있었다. 둘 다 모두 무서운 죄를 지었
다. 그리고 이들은 각기 자기 자신을 위해서라기보다는 다른 사람들

때문에 죄를 지었다.

소녀의 방안에는 흔들거리는 작은 탁자가 있고 그 위에 금속을 꼬아서 임시로 만든 촛대가 있고 그 촛대에 양초 하나가 놓여 있다. 진지한 대화를 나누는 도중 소녀는 서랍 위에 놓여 있는 책을 바라본다. 라스콜리니코프는 그 책을 꺼내 든다. 그것은 바로 신약성경이었다. 그는 그것을 소녀에게 건네주며 읽어 달라고 애원한다.

"소녀는 책을 폈다. 그녀의 손은 떨리고 있었다. 그 말씀들이 그녀의 목구멍을 찔렀다. 그녀는 한 음절도 말할 수 없었지만 두 번이나 시도를 해 보았다. 마침내 그녀는 읽을 수 있었다. 그리고는 책을 덮었다. 그녀는 눈을 뜨고 라스콜리니코프를 쳐다보는 것이 두려웠다. 그녀는 계속 부들부들 떨었다. 스러져 가는 촛불은 희미하게 천장이 낮은 방을 비추고 있었고 그곳에서 한 명의 살인자와 한 명의 매춘부가 책 중의 책을 읽고 있었다."

이 장면은 소설의 중간 부분에 있는 이야기이며 결말은 이와 같다. 라스콜리니코프와 소녀가 고통으로 말미암아 죄로부터 깨끗함을 받고 변화된 삶을 살고 있을 때 라스콜리니코프는 그의 간절한 요청으로 소냐가 그에게 가져다준 그 신약성경을 감옥 안에서 계속 간직하게 된다.

라스콜리니코프는 탕자 중의 탕자였고 소냐는 탕녀 중의 탕녀였다. 이 두 사람의 마음은 오늘을 살아가고 있는 이 시대를 향하고 있으며 모든 탕자된 자들에게 아버지의 집으로 가는 길을 가르쳐 주고 있다.

소녀의 초라한 방안에 있던 초는 점점 타 들어가 작아지다가 나중에는 꺼져 버린다. 그러나 시베리아 감옥에 있던 촛불은 도스토예프스키의 영혼을 비추었고 점점 커져서 더 오래도록 타고 있다.

－ F. W. 보어햄의

『탕자들』(1941년, 엡워스출판사)에서 인용.

탕자를 사랑하는 사람들을 위하여

 ## 하나님의 날개

"그 부모는 이 일이 여호와께로서 나온 것인 줄은 알
지 못하였더라"

— 사사기 14:4

"저가 너를 그 깃으로 덮으시리니"

— 시편 91:4

네드가 기숙사에서 편지를 보내 왔다. 그가 그곳
에서 떠도는 나쁜 말들과 바람직하지 못한 일들에 대
해 글을 써 보냈을 때(그는 14살이었고 최근 처음으
로 집을 떠나 기숙사로 갔다), 나는 하나님의 날개가
그를 보호하고 계시다는 것을 깨닫게 되었다. 우리가
주님 안에 거할 때, 그는 우리를 당신의 날개 아래 보
호하시며 더럽고 바람직하지 못한 일들을 오리가 물
을 뒤로 떠밀어 버리듯이 우리의 등뒤로 떠밀어 버리
신다.

그러나 나는 하나님께서 나의 아들을 보호하시기

위해 그의 날개를 사용하지 않으셨다는 것을 나중에, 아주 뒤늦게 알게 되었다. 하나님께서는 자비롭게도 내 아들이 아주 멀리 떠나가서 방탕한 삶 가운데로 열렬히 빠져 들어갔었던 것을 내가 알기를 허락하지 않으셨다.

네드가 하나님 아버지께로 돌아온 뒤로 몇 년이 지난 어느 날 우리는 함께 대화를 나누게 되었다. 나는 그때 그 기숙사로 아들을 보냈었던 것을 후회한다고 했다.

"걱정하지 마세요, 어머니." 그는 나를 확신시켰다. "기숙사에서 가졌던 경험들은 지금 제가 다른 사람들을 잘 이해하는 데 많은 도움이 되어요. 하나님께서는 저를 그곳에 보내신 목적이 있으셨어요."

지금 나는 그의 목회자로서의 생활을 보면서 그의 말이 옳았다는 것을 알 수 있다.

모세의 방황

모세의 정처 없는 방황은
결코 쓸데없는 것이 아니었네.
방황함으로
그는 거친 광야를 알게 되었네.
그리고
이 광야에서의 훈련은
그로 하여금
백성을 인도할 수 있게 하였네.
속박으로부터
약속의 땅으로.

기다리라고 하십니다

기다리라고
우리에게 말씀하시지만
하나님,
시간이 없습니다.
무릎 꿇고 간구하오니
… 서두르시옵소서.
… 제발!

J. S.를 위하여
1976년 11월 13일

오 만세 반석이신

오 만세 반석이신
대 주재 하나님
저 창조 이전부터
또 무궁한 세대
한없는 영광 중에
그 보좌 있으니
큰 환난 풍파라도
흔들지 못하네.

그녀는 기다렸네, 결코 오지 않는 소식을

그녀는 기다렸네

결코 오지 않는 소식을.

우편물 안에서

날마다 찾아보았네

그의 이름이 적혀 있는

편지를,

쪽지를,

엽서를.

밤에는

무릎 꿇고

낮에는

일어서서

그를 대신하여

천국 문으로 가는

고통을 감수했네

하늘의 높은 법정에서

그를 위해 탄원했네.

"걱정하지 말고 기다려 보라."

하나님은 말씀하셨네

그녀는 알았네

하나님께서

그의 가슴속에서, 그를 위하여, 그와 함께

그녀는 할 수 없는
그 어떤 것을 하시리라는 것을
응답 받지 못하였을지라도
하나님의 말씀은
진실하시다고 믿으며
모든 의심을 버리고
기쁨으로
그녀의 일로 돌아갔네.
그러나 탕자는 돌아오지 않았네
그래도 하나님은 하나님이셨고
그녀에게는 해야 할 일이 있었네.

하나님은 주권자이실까? 

우리 자신은 물론 우리의 아이들을 무한하신 사랑과 무한하신 지혜와 무한하신 능력에 맡긴다는 것은 얼마나 분별력 있는 일인가!

– 토마스 어스킨

"어리석은 자는 그 마음에 이르기를 하나님이 없다 하도다"

– 시편 14:1

이 말씀은 하나님의 주권을 의심하는 모든 사람들에게도 해당된다. 하나님은 주권자이실 수도 있고 그렇지 않으실 수도 있다. 그러나 만일 그에게 주권이 없다면 그는 이미 하나님이 아니시다. 그러므로 우리가 만일 하나님께서 당신의 방법과 당신의 시산에 모든 사건들을 처리하신다는 것을 의심하는 사람들이나 환경에 의하여 마음을 빼앗기거나 당황한다면, 우리도 역시 어리석은 자들일 것이다.

– 시편 14:1을 묵상하며
1965년 7월 1일

문은 항상 열려 있다

『조종사』(*Sky Pilot*)라는 책에서 랄프 코너(Ralph Connor)는 스코틀랜드의 좋은 가정을 떠나 황량한 서부의 목장에서 이곳 저곳으로 방황하고 있는 한 젊은 청년에 대해 이야기하고 있다. 어느 날 이 비행기 조종사는 이 집 저 집을 돌아다니다가 어떤 사람이 시편 23편을 노래하고 있는 것을 들었다. 그는 그 소리가 나는 집으로 가 보았고 거기서 한 젊은 청년이 죽어 가고 있는 것을 발견했다. 그는 아주 경건한 기독교 집안에서 자라났지만 지금은 젊은 나이에 자신이 지은 죄로 인하여 죽어 가고 있었다.

비행기 조종사가 청년에게 부드럽게 이야기를 걸자 그 청년은 그에게 편지 한 통을 읽어 줄 것을 부탁했다. 그 편지는 바로 그 날 그의 어머니로부터 온 편지였다. 조종사는 그 편지를 읽어 주었고, 그 편지의 마지막 부분에는 다음과 같이 쓰여 있었다. "데이비, 만일 네가 집으로 돌아오고 싶은 마음이 조금이라도 생긴다면 문은 언제나 활짝 열려 있고 네가 우리에게 가지고 오는 것은 오직 기쁨뿐이라는 것을 기억하려무나."

이것은 탕자의 비유가 주고 있는 분명한 메시지이다. 하나의 죄인이 회개하고 돌아오면 하나님의 천사들과 함께 오직 기쁨만이 있을 따름이다.

천지의 주재이신 영원한 능력의 하나님 

천지의 주재이시며

영원한 능력의 하나님

당신의 아들은

죽음을 참아 내고

죽음을 물리쳤나이다.

그리고는 예전의

전능하심을 회복했나이다.

다시는 포기할 수 없는 믿음으로

모든 것을

당신께 맡기면서.

나는

더러움 속에서 끌려 올려간

무거웠던 내 영혼을 봅니다.

당신께서 이들을

지금까지 인도하셨으니

끝까지 돌보아 주실 것을

확신하기에.

— 1977년 5월 29일, 1980년 6월 29일

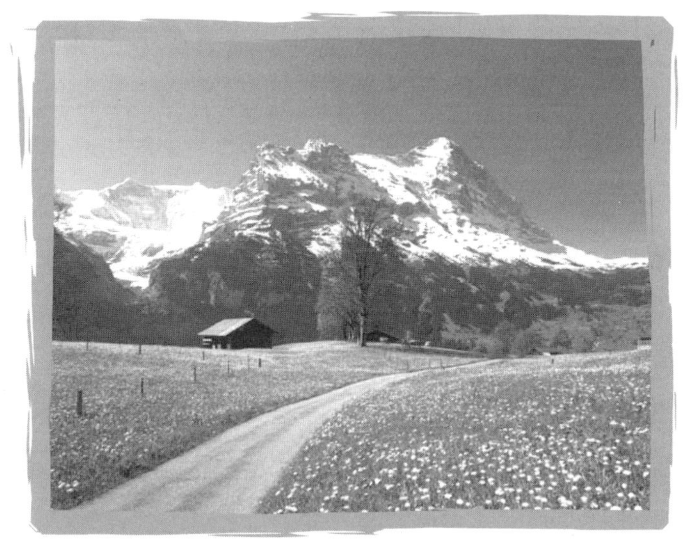

5장 저는 탕자의 어머니로 준비되지 않았습니다

- 지지 그래함 치비지안

저는 탕자의 어머니로 준비되지 않았습니다

—지지 그래함 치비지안(Gigi Graham Tchividjian)

나는 아들이 문 밖으로 천천히 걸어 나가 길거리로 들어서는 것을 바라보면서 현관에 서 있었다. 그리고 무척이나 무거운 마음을 이끌며 마지못해 돌아섰다.

나는 억지로 저녁 식사를 준비하면서 저녁에 해야 할 자질구레한 일들을 하는 척하였다. 마침내 침대 속으로 기어 들어갔을 때 나는 눈물을 흘리며 생각에 잠겨 잠이 들지 못하였다. 지금 내 아들은 어디에 있을까? 저녁은 먹었을까? 잠 잘 곳이나 있을까? 우리가 다른 방법을 택할 수는 없었을까? 이 아이가 결국 집으로 돌아오기는 할 것인가?

나는 지난 몇 개월 동안 겪었던 일들을 생각해 보았다. 우여곡절이 많았고, 다분히 감정적이었으며, 심한 말들이 오갔고, 많은 좌절감과 불순종, 또 정직하지 못한 태도와 풀리지 않는 의문들이 있었다. 그 모든 것들 가운데 꼬박 앉아서 기다리며 기나긴 밤들을 보냈었다.

"무엇 때문이었을까?" 왜 우리 아들은 우리가 제공하는 그 모든 것에 대해 반항심을 갖는 쪽을 선택하였을까? 다정하고 사랑이 넘치며 물질적으로 편안하고 교육적이며 경건한 기독교 전통을 가진 가정을 왜 버렸을까? 우리는 그 아이를 원했었고, 그를 위하여 기도했으며, 그 아이가 태어났을 때 무척이나 기뻐했었다. 그는 장난치기 좋아하고 기쁨으로 가득 찬 아이였다. 그래서 우리는 이 아이를 '햇빛'이라고 불렀다.

나는 내 삶 가운데 경찰관이 큰 개가 묶여 있는 가죽 줄을 꼭 붙잡고 내 현관문 앞에 서 있음으로 해서, 또 학교의 문제아 상담실에서 오는 전화 때문에, 불량한 친구들이나 마약, 절도, 난폭한 옷차림에 곁들여진 난폭한 행동 때문에 걱정하느라 밤새 잠을 못 자고 늦게까지 깨어있는 밤이 있으리라고는 생각조차 해 본 적이 없었다. 왜? 비록 완벽하지는 않았지만 우리의 다른 아이들은 결코 그러한 문제를 일으켜 본 적이 없었기 때문이었다.

흐르는 눈물을 절제하지 못하면서 나는 우리가 아들에게 지금까지 주었던 모든 기회들에 대해 생각해 보았다. 그는 16살이 되었을 때 집으로부터 도망쳤다. 우리는 그를 계속 집으로 데려왔으나 그는 우리의 믿음을 실망시켰고 가족의 생활을 혼란에 빠뜨렸다. 그래서 마침내 오늘 남편은 집을 나가고자 하는 그 아이의 요구를 들어주기로 결정을 내렸다. 우리는 이 시간까지 우리가 해야 한다고 믿었던 모든 일들을 다 했다.

나는 방탕한 아들을 갖기에 준비되지 않았다. 나는 밤중에 내 아들이 지금 어디에 있을까를 생각하며 침대에 누워 있는 나를 상상조차 해 본 적이 없다. 그러나 우리가 어떤 사람을 사랑하게 되면 그 사람에 대한 생각을 멈출 수가 없다.

지난날들을 뒤돌아보며 나는 하나님께서 고난의 과정을 통해 많은 것을 가르쳐 주시기 위하여 이런 시간과 견딜 수 없이 고통스러운 상황을 허락하셨다는 것을 깨달았다.

때때로 나는 거의 나를 삼켜 버릴 것 같은 극도의 슬픔을 맛보아야만 했다. 나는 이 아이를 열 달 동안 내 몸 속에 지녔었고, 이 세상에 낳았으며, 내 가슴으로 그를 안았고, 그가 아플 때 돌보아 주었고, 그에게 음식을 만들어 주었으며, 옷을 빨아 주었고 그를 위해서 그와 함께 기도했었다.

그런데 우리가 가진 모든 것을 이 사랑하는 아이에게 주고 난 몇 년 후에, 그는 훈련 받기와 가르침 받기를 거절하는 쪽을 선택했다.

하나님의 임재를 필요로 하다

그가 집을 떠나 버린 직후 어느 날 밤이었다. 나는 우리 집 안에 있는 조그만 호숫가에 앉아서 울며 기도했다.

밤 공기가 갑자기 쌀쌀해졌다. 나는 남편이 내 등 뒤로 오고 있는 소리를 들었다. 그는 내 어깨에 부드럽게 스웨터를 올려놓으며 내가 혼자 있어야 할 필요가 있다는 것을 알아차리고는 조용히 사라졌다.

곧, 그 조그만 호수가 나의 심정과도 같이 어둡고 불길한 물웅덩이로 보였다. 불빛들은 하나 둘씩 꺼져 가고 있었지만 우리 집은 불을 밝히고 있었다.

나는 내적으로나 외적으로나 어두움으로 휩싸였다. "주님!" 나는 기도했다. "지금 이곳에는 당신과 나 밖에 아무도 없습니다. 그리고 저는 지금 하나님께서 나와 함께하신다는 느낌이 절대적으로 필요합니다. 당신께서 지금 나와 함께하신다는 것을 알아야 하겠습니다. 그러니 천사를 명하시어 저쪽 소나무에 나타나게 하시옵소서. 나의 큰아들이 어렸을 때에 이야기했던 것처럼 '하나님 당신께서는 원하시는 것은 무엇이든지 하실 수 있으시다'는 것을 저는 알고 있습니다." 그래서 나는 기대감을 갖고 기다렸다. 그러나 아무것도 나타나지 않았다. 천사도, 어떤 특별한 계시도, 주님이 그곳에 나와 함께하신다는 느낌도 없었다. "주님, 천사를 보여 주시기를 원하지 않으신다면, 천사 중 하나를 명하시어 저 소나무에서 나에게 날개를 치는 것만이라도 보여 주세요." 나는 다시 기다렸다. 침묵과 더 캄캄해진 어둠 외에는 아무것도 없었다.

마침내 나는 천천히 의자에서 몸을 일으키고 지친 몸과 마음을 이끌고 잠자리에 들었다. 다음 날 아침, 나는 굉장히 무거운 마음으로 일어났다. 나는 로봇같이 일어나서 다른 아이들을 위해서 이침 준비를 하고 그들이 학교 가는 것을 문 밖에서 바라보았다. 마지막 아이가 떠난 후 전화벨이 울렸다. 목사님이셨다. "지지, 튤리안(Tullian)에 관한 이야기는 들었습니다. 우리가 지금 기도하러 그곳으로 가겠습니다." 또 전화벨이 울렸다. 친구였다. 그는 "지지, 우리는 금방 튤리안에 대한 이야기를 들었어…기도하고 있어." 또 전화가 왔다. 자영업을 하고 있는 또 다른 친구였다. 그날 그는 회사 문을 닫고 자기 회사의 종업원 모두를 시켜 바닷가로 나가게 하여 튤리안을 찾아보고 있다고 말했다. 또 다른 친구 하나는 튤리안을 찾는 데 드는 비용을 지불하라고 수표를 한 장 가져왔다.

하루 종일 전화가 왔다. 사람들은 용기를 주려고, 중보 기도를 해 주려고, 실질적 도움을 주려고, 기대고 울 수 있는 어깨가 되어 주려고, 또 필요한 그 어떤 것을 주려고 전화를 했다. 그날 밤 나는 조금은 가벼운 마음으로 잠자리에 들었고 하나님께 이렇게 기도했다. "주님, 천사가 아니라 나의 이웃들을 통하여 특별한 방법으로 당신의 임재를 나타내 주셔서 감사합니다." 이것은 하나님이 나에게 가르쳐 준 굉장한 교훈이었다. 이것이 바로 그리스도의 몸 된 교회인 것이었다. 서로서로를 위하여 존재한다는 것… 서로서로 짐을 나누어 가짐으로 도와주는 것.

또 하나 내가 발견한 것은 다른 사람이 우리가 무거운 짐을 지고 있다는 것을 알 수 있을 만큼 우리의 심령이 연약해져야 한다는 것이다. 그렇다고 이 사람 저 사람 할 것 없이 모든 사람들에게 말할 필요는 없다. 그렇지만 우리가 그 무거운 짐을 견딜 수 있도록 우리를 위해서 기도할 수 있고, 또 우리를 도와줄 수 있는 몇 명의 믿음의 사람에게는 알려야 할 필요가 있다.

죄책감이 찾아오다

이 일이 있은 후 처음 몇 개월간 그리고 그 후 많은 시간 동안 나는 찌르는 듯한 죄의식을 경험했고, 뼈아프게 나 자신을 의심해 보았다.

내가 그를 다른 아이들과 다르게 키웠을까? 내가 지나치게 엄하게 대했을까, 아니면 지나치게 엄하지 않게 대했을까? 사랑을 충분하게 보여 주었었나? 내가 정도 이상으로 심하게 다루었는가? 기도를 충분히 했는가? 물론 내가 실수가 많았다는 것을 안다. 그러나 나는 최선을 다했다. 유감스럽게도 나의 이런 감정들이 더 힘들어지도록 바라보거나 섣부른 충고를 하는 사람들도 있었다. 그러나 이것 또한 우리가 이같은 처지에 있는 사람들을 대할 때에 무척 조심해야 한다는 가르침을 주었다. 우리는 그들에게 가까이 다가가야 하며 그들에게 필요한 사람들이 되어야 한다. 그러나 비난하는 태도로 대하는 것이 아니라 사랑과 관심을 보여 주며 대해야 한다.

때때로 하나님은 당신께서 자녀들을 다루시는 것처럼 내가 내 아들을 부드럽게 다루어야 한다고 기억시키신다. 항상 대화의 문을 열어 놓아야 하고, 행위는 용납할 수 없어도 사람은 용납해야 한다고 가르쳐 주신다.

그러나 가슴 아프게도 스티븐과 나는 우리의 진을 빼는 이 아이의 행동을 용납할 수 없다는 것을 깨달았다. 때때로 우리는 탕자 된 이 아이를 우리 마음에서 의식적으로 지워 버리려고 했다. 다른 아이들을 희생시켜 가며 우리의 모든 관심과 감정을 오직 이 아이에게 쏟는 것은 공평하지 않다고 생각했다.

때때로 이런 일을 실천한다는 것은 굉장히 힘들다. 우리는 우리가 그 아이의 행동은 인정하지 않지만 사랑한다는 것을 보여 줄 수 있는 방법에 관한 지혜와 명철을 하나님께 물어 보아야만 했다. 주님은 사랑이 어느 때에는 가혹한 것이어야 한다는 것을 상기시키셨다. 때때로 교훈은 오로지 힘겨운 방법을 통해서만 얻어질 수 있다. 그래서 내 어머니는 당신의 손자를 무척이나 보호하고 싶어하셨지만, 나는 내 아들이 자신의 선택과 행동의 결과로 고통받는 것을 용납하면서 내 아들의 삶을 인도하시는 하나님의 방법을 방해하지 않기 위해 조심해야 했다.

나 역시 계속 실망을 경험해야만 했다. 나의 감정은 축제 때 놀이기구에 올라 탄 것처럼 급격히 움직였다. 올라갔다 내려갔다, 높아졌다 낮아졌다, 하늘을 치솟아 오르다가 어딘가에 와르르 부딪혔다. 어떤 때에는 상황이 좀 호전되는 듯하기도 했다. 긴장이 풀어지고 아들의 태도는 약간 변한 듯하였다. 나는 다시 용기를 가졌다. 그는 다시 자기의 일로 돌아갈 것이며, 학교도 다시 들어가고, 미안한 마음을 갖게 될 것이며, 자기의 삶의 방식을 바꾸고, 집으로도 돌아오리라는 희망이 살아났다. 그러나 곧 우리는 다른 실망을 경험하게 되었다. 시간이 흐름에 따라 나는 좌절하고 있는 나 자신을 보았다. 나는 희망이라는 파도를 타고 있었으며 나의 모든 감정들이 심하게 두들겨 맞고 온 천지에 멍이 들 때까지 실망이라는 바위에 부딪쳤다.

비록 이 고통의 시간에 내가 할 수 있는 일은 아무것도 없었지만 나는 자주 하나님을 온전히 신뢰한다는 것이 어렵다는 사실을 발견하였다. 하나님께서 내가 이 아이의 부모로서 책임을 다 하기를 원하지 않으셨다면 왜 나로 이 아이의 부모가 되게 하셨는지 의심하고 있는 나 자신을 보았다. 나는 하나님 대신에 하나님의 일을 자꾸만 하려고 했다. 그리고 최선을 다해서 하나님을 도와서 무엇인가를 하려고 노력했다. 나는 간섭하려 했고, 일을 조종하려 했고, 계획을 세우고, 심지어는 상황을 지배하려는 시도까지 했다. 내 어머니는 튤리안 때문에 무척 가슴 아파했다. 나도 정말 튤리안을 보호하고 싶었다. 그러나 그렇게 하는 것은 아무 도움이 되지 못했다. 그것은 나를 좌절시켰고 내 가족을 산산조각 나게 했다.

1989년 3월 7일, 튤리안이 집을 떠난 그 날 밤 나는 아래의 두 편의 시를 지었다.

앉아서 기다리네 … 걱정을 하며
아이는 늦게까지 들어오지 않는다.
그리고 나의 어머니의 가슴은
근심으로 가득 차 있다.

고뇌로 찬 내 마음 말고는
모든 것이 고요하고… 정적뿐이네.
나의 눈에 가득 찬 눈물이 흘러내릴 때
나는 간구하네.
"하나님, 은혜를 내리소서."

주님, 그를 돌려보내소서.
이곳으로 다시 돌려보내소서.
그러나 그가 멀리 있는 동안에도
그에게 가까이 계시옵소서.

그리고 근심하는 나의 심령에 평화를 주소서.

날마다 흐르는 눈물이 기도로 변하게 하소서.

무엇을 해야 할지

어디서 시작해야 할지 모르는 나이기에.

주님, 오늘의 제물로

괴로운 어머니의 상한 심령을 받으소서.

그리고 내 아이를 돌이키시사

집에 머물게 하소서.

– 예레미야 31:10-20을 읽고

마침내 나는 지쳤다. 오랫동안 불러 왔던 찬송가의 가사들이 이제
는 내게 날마다 기도가 되었다: "주님의 은혜로 그를 더 의지하네." 나
는 내 가슴 깊은 곳에서 응답하고 있는 고요하고 세미한 음성을 들었
다. "사랑과 인내 … 사랑과 인내."

사랑에 관한 한 나는 아무런 문제가 없었다. 그러나 인내에 있어서
는 문제가 있다고 생각했다. 나의 어머니께서도 늘 내게 끈질기게 인
내를 가지고 기도해야 한다고 말씀하셨다.

마침내 나는 만일 하나님께서 일하고 계신다면 내가 그분에게 길을
비켜 드려야 한다는 것을 깨닫게 되었다. 내가 할 수 있는 일은 계속적
으로 할 수 있었다. 그러나 내가 할 수 없는 일에 대해서는 하나님이
처리하시도록 해야 했었다. 내가 배워야 했던 위대한 교훈은 이제 내
가 이 문제에서 연약하고 힘없는 나의 손을 떼고 이 모든 상황을 하나

님께서 처리하시도록 해야 한다는 것이다.

내가 내 아들을 사랑하는 것보다 훨씬 많이 하나님께서 내 아들을 사랑하신다는 사실을 인정해야만 했다. 그리고 이 사실 때문에 나는 튤리안을 주님께 맡길 수 있었다.

그러나 이 일이 항상 쉬운 것은 아니다.

사실 때때로 하나님은 우리에게 불가능하게 보이는 것을 요구하실 때가 있다.

내 친구 린다(Linda)의 분만 예정일은 그녀의 생일날이었다. 그러나 그 아기 제이슨은 더 이상 세상에 나오기를 기다릴 수 없었는지 9월 20일에 그녀의 품에 안겨졌다. 린다에게는 이 아이가 오직 하나뿐인 자식이었고 그녀의 자랑과 기쁨이었다. 린다와 그녀의 남편은 다정하고 경건한 기독교 가정의 분위기에서 그를 키웠다. 우리 주님처럼 "제이슨은 키가 자라고 지혜가 자라고 하나님과 사람 앞에서 칭찬을 받았다." 린다는 제이슨이 처음으로 웃었을 때 무척 기뻐했고, 그가 기어다니기를 시작했을 때 크게 웃었고, 그가 쓰러질 듯 발을 떼고 걷기 시작했을 때 손뼉을 쳐 주었다. 그가 어린 시절 병이 났을 때 그녀는 그의 침대 옆에 앉아서 기도했고, 그가 처음으로 학교에 가던 날 눈물을 뒤로 감추었고, 그가 축구 시합을 할 때에 열심히 응원하였고, 그의 숙제를 도와주었고, 여자 친구와 사귀는 문제도 잘 인도하였으며, 고등학교 졸업식에는 자랑스럽게 참석했다.

이때까지 제이슨은 어린 소년으로서 예수님께로 결단을 내린 신앙을 갖고 있었다. 제이슨은 크리스천 대학으로 진학을 했다. 그런데 사건이 발생했다. 대학 1학년을 다니던 도중 그는 변했다. 믿음으로부터

멀어졌고 학교를 그만두었다. 마침내 그는 해병대에 지원했다. 그의
어머니의 마음은 산산이 부서졌고 무거운 마음의 짐을 지게 되었다.

어느 날 그녀는 펜을 들고 다음과 같은 글을 썼다.

사람들이 진정으로 자신들의 삶과 문제들과 자신들의 아이를 하나님
께 내어놓았는지 어떻게 알 수 있을까? 허리케인 앤드류가 지나간 후 우
리는 집을 재건하는 작업을 해야 했다. 그 동안 이것저것 심부름을 해야
했기 때문에 나는 하루 중 많은 시간을 차 안에서 혼자 있게 되었다. 이
렇게 혼자 있는 시간에 내가 붙들고 있는 제이슨과 그의 문제를 다 하나
님께 맡기면서 제이슨을 위해서 기도해야겠다고 결심했다. 나는 하나님
께서는 내가 제이슨을 사랑하는 것보다 훨씬 더 그를 사랑하신다고 믿었
다. 사실 나는 제이슨을 하나님을 믿는 신앙과 크리스천이 걸어가는 기
쁨에 찬 삶으로 다시 데려오는 일에 아무런 진척도 보이지 못했다. 나는
그날 아침 다음과 같이 기도하며 내가 영적으로 깨어 있다고 느꼈다.

"주님, 나는 당신을 사랑합니다. 당신의 존재하심과 당신께서 나의
삶 가운데에서 행하신 일로 인하여 당신을 찬양합니다. 제이슨을 생각하
며 당신께 감사드립니다. 그는 당신이 내게 보내 주신 가장 귀중한 선물
입니다. 나는 제이슨을 향한 당신의 사랑을 깨달았고 당신의 뜻은 그가
죄악과 불순종으로 가득 찬 삶을 돌이켜 당신께로 돌아오는 것이라고 믿
습니다. 죄악과 불순종은 그에게는 위험하고, 우리에게는 고통스럽고,
당신께는 가슴 아픈 일입니다. 나는 이제 그를 십자가 밑에 내려놓고, 그
를 구원하여 주시고, 그에게 생명을 주시고, 그와 우리 관계를 회복시키
실 당신께 맡깁니다. 이 모든 것이 내게는 귀중합니다. 나는 당신을 믿습

니다. 내 시간이 아니라 당신께서 정하신 시간에 이 모든 것을 행하실 것을 믿습니다. 그리고 이제 그를 당신께 내어놓습니다. 예수님의 이름으로 기도합니다. 아멘."

나의 짐을 하나님께 내려놓았고 하나님께서 내 기도를 들어주실 것이라고 안위하자 마음이 조금 가벼워지는 것 같은 느낌이 들었고, 나를 늘 돌보시는 아버지, 제이슨을 돌보시는 아버지, 그리고 우리가 가지고 있는 소중한 것들을 완전히 내어놓을 때 우리를 기뻐하시는 아버지를 믿으면서 첫번째 가야 하는 상점 앞에서 시동을 껐다.

얼마 있다가 나는 차로 돌아와서 다시 시동을 걸었다. 그러나 좀 불안한 생각이 들었고 침착해지지 않았다. 바로 전 기도하면서 "아멘"이라고 말할 때처럼 영적이지 못했다. "알았어요 하나님." 하고 말했다. "확실히 제가 올바른 기도를 드리지 않은 것 같아요. 다시 기도드리지요. 주님, 저는 진심으로 제이슨을 당신께 맡기고 싶습니다. 내가 지금 가지고 있는 모든 것과 내 모든 마음을 다해 당신을 믿습니다. 나는 제이슨을 당신에게 맡깁니다. 그의 생명과 그의 구원과 당신과 함께 할 여정을. 나는 이제 당신에게 드렸습니다. 당신에게 돌아올 때 그가 너무 늙었을지라도 나는 당신께서 그를 인도해 주실 것을 믿습니다. 나는 당신을 믿습니다, 아멘."

두 번째 일이 끝나고 나는 다시 차 안으로 돌아갔다. 나는 성경 말씀을 외우도록 돕는 음악을 켰다("열망"의 시리즈로 되어 있음). 그리고 세 번째 일을 보기 위해 출발했다. 다시 나는 성령께서 나를 찌르시는 것을 느꼈다. 얼마만큼 내가 더 순종해야 하는가? 나는 하나님께서 제이슨을 사랑하셔서 그의 품으로 돌아오게 하실 것을 믿으면서 이미 제이슨을 그에게 드렸다. "하늘에 계신 아버지," 나는 다시 기도했다. "나는 당신께서 제이슨이 돌아오기를 원하신다는 것을 알고 있습니다. 그리고 내가 그를 사랑하는 것보다 당신께서 그를 더 사랑하시며 그의 마음을 간절히 다시 찾고 계시다는 것을 압니다. 그의 생명과 그의 영혼을 당신에게 맡깁니다. 비록 내가 살아서 그가 돌아오는 것을 보지 못한다 할지라도 나는 당신을 믿습니다."

이 얼마나 슬픈 일인가. 그러나 하나님께서 하실 것이라고 믿었기 때문에 내가 하나님의 일을 내 눈으로 직접 보는 것이 중요한 일은 아니라고 생각했고 나는 자식을 위해 기도하는 어머니에게 약속하신 하나님의 말씀을 믿고 확신을 갖고 나니 마음이 편안해졌다. 그런데 나는 세 번째 일이 끝나고 차로 다시 돌아왔을 때 마음이 편안하지 않았다.

"하나님, 도대체 내가 무엇을 빠뜨렸나요? 왜 나는 진심으로 당신을 신뢰하고 있는데 자유함을 느끼지 못하는 것일까요?"

내가 가지고 있던 걱정 근심을 이제 마지막으로 하나님께 내어놓고 싶다는 생각이 가득 찼고, 제이슨의 생명을 이제 온전히 하나님의 뜻에 맡기면서 나는 타일 가게로 향했다. 그때 나는 정신의 반으로만 당장 해야 하는 일들을 생각하며 타일을 주문했다. 차로 돌아왔다. 나는 집을 재건하는 작업을 하는 동안 우리가 잠시 살고 있는 아파트로 향했다. 그리고 차고로 들어갔다. 마땅히 기도해야 할 말을 성령께서 내게 주실 것을 간구하며 다시 한 번 나는 고개를 숙이고 기도했다. 나는 제이슨이 16살의 소년일 때 구원받은 아이임을 알기에 다음과 같은 기도를 하며 계속 울었다. "하나님, 만일 제이슨이 자기가 지은 죄 때문에 살아서 당신에게 돌아오지 못한다 할지라도 저는 당신을 믿겠습니다." 갑자기 몹시 피

곤해졌다. 그러나 어떤 면에서는 좀 가벼운 마음이 된 것 같았다. 나는 시동을 끄고 안으로 들어갔다.

그리고 몇 달이 지난 후, 내 친구들은 제이슨이 끔찍한 교통 사고로 죽었다는 전화를 받았다. 제이슨이 죽은 후 그의 어머니는 그의 성경 책 속에 아래의 구절들이 밑줄 쳐져 있는 것을 보았다. 이것은 몇 년 전 제이슨이 우리 주님과 가까이 있고 그가 주님의 말씀 가운데 있을 때 친 것이었다.

"그 후에 예수께서 나인이란 성으로 가실새 제자와 허다한 무리가 동행하더니 성문에 가까이 오실 때에 사람들이 한 죽은 자를 메고 나오니 이는 그 어미의 독자요 어미는 과부라 그 성의 많은 사람도 그와 함께 나오거늘 주께서 과부를 보시고 불쌍히 여기사 울지 말라 하시고 가까이 오사 그 관에 손을 대시니 멘 자들이 서는지라 예수께서 가라사대 청년아 내가 네게 말하노니 일어나라 하시매 죽었던 자가 일어앉고 말도 하거늘 예수께서 그를 어미에게 주신대"(눅 7: 11-15).

그는 여백이 있는 곳에 이렇게 메모했다. "그 어머니는 예수님이 일하시도록 그 아들을 주님께 드려야만 했다."

하나님은 제이슨을 당신에게로 데려가셨으며 이것은 그의 어머니가 원하거나 기대했던 방법이 아니었다. 그러나 하나님은 당신의 무한하신 은혜와 사랑으로 그녀로 하여금 우리의 삶 가운데서 가장 고통스러운 경험을 통하여 하나님의 일이 완성되는 것을 보게 하셨다. 가장 큰 고통 중에 가장 큰 평화가 있었다.

하나님은 린다에게 그녀의 모든 것을 당신께 내어놓을 것을 요구하셨다. 그리고 하나님은 제이슨을 데려가셨다. 왜 그래야만 하셨는지 그녀는 모른다. 그녀는 이것에 대해 아무 대답도 듣지 못한 채 홀로 이 땅에 남겨졌다. 이러한 일들은 때때로 무척 힘든 일이다. 그녀는 많은 것들을 감당해야만 했다. 그러나 모든 것을 알고 계시고 사랑이 많으신 하나님에 대한 깊은 믿음과 신뢰로 인해서 그녀는 "괜찮아요. 완전히 이해되지는 않지만 말이지요."라고 말한다.

하나님께서는 어떤 경우에는 당신의 목적을 분명히 드러내시지만 그렇게 하시기를 넘어서서 자신의 목적을 드러내지 않고 신비로 남겨두는 경우가 많다고들 이야기한다. 이러한 이유로 오직 하나님을 경외하는 태도를 가지는 것 외에는 아무런 해답이 없다. 우리는 주권적으로 행하시는 하나님께서 당신이 선택하신 일에 대한 모든 이유를 우리에게 낱낱이 설명해 주어야 한다고 요구할 수 없다는 사실을 겸손히 인정해야 한다.[1]

그러나 주님은 나에게 그렇게 큰 희생을 요구하지는 않으셨다. 나의 경우는 마지막이 제이슨의 경우와는 달랐다.

몇 년이 지났다. 어느 주일 날 튤리안과 그의 여자 친구는 우리에게 미리 알리지도 않고 교회로 왔다. 예배가 끝났을 때 튤리안은 자기 여자 친구의 손을 붙잡고 예수님께 그들의 삶을 드리기 위해 이층 발코니의 높은 곳으로부터 강단 앞으로 걸어 나왔다. 전혀 예상치 못한 일이었다.

나는 기쁨으로 압도되었다. 그러나 사실을 말하자면, 약간은 반신

반의하는 마음이었다. 나는 희망이 다시 한 번 부서져 내리는 것을 바라지 않았다. 기다리며 지켜보았다. 시간이 흐름에 따라 나는 이 젊은 청년이 성장하며 하나님의 신실하고도 헌신된 자녀로 완성되어 가는 것을 보게 되었다. 그는 결단을 내린 후 얼마 안 있어 그 이야기를 자신의 크리스천 친구에게 다음과 같이 써 보냈다.

―나는 그에게 내가 그 부분을 인용해도 되는지 허락을 받았다.―

내가 너를 마지막으로 만난 후 내 삶의 모든 일은 정말 가혹하였다. 내 생활은 땅속으로 기어 들어갔다. 나는 정말로 주님으로부터 너무 멀리 떨어져 있었다. 마약과 술, 섹스, 그리고 사악한 모든 것들 속에 있었다. 나는 학교를 그만두었고 집에서 쫓겨났다. 모든 것은 더 이상 나빠질 수 없을 만큼 나빠졌다.

그러나 나는 이 악한 일들을 더 이상 계속하고 싶지 않다. 주님께서 내게 행하셨던 일을 너에게 말해 주고 싶다. 내 삶을 공허하고 기복이 심하게 이끌어 간 후, 나는 주님께 내 삶을 모두 관리해 달라고 내어놓았다. 그리고 변화가 일어났다. 내가 목적으로 삼고 살아왔던 것들이 더 이상 중요하게 생각되지 않았다. 또 내가 싫어서 도망쳐 나왔던 그 일들에 대해서는 이제 열망을 갖게 되었다.

하나님은 이 얼마나 선하신가? 그는 나를 너무나 오래도록 참아 주셨다. 그는 나를 포기하신 적이 없었다. 난생 처음으로 평화와 만족감을 느낀다. 나는 아무것도 걱정하지 않는다. 나는 이제 완전히 다른 사람이 되었다.

우리는 튤리안이 그의 사랑하는 여자 친구인 킴과 결혼하는 것을 축하해 주었다. 이제 그들에게는 아들이 둘이 있고 지금은 목회자가 되기 위해 신학교에서 공부하고 있다.

튤리안 이야기

사방을 둘러보면 사람들은 아직 소유하지 못한 그 어떤 것을 더 가지기 위해 찾아 헤매고 있다. 이런 현상은 어린아이일 때 더욱 분명히 나타난다. "좀 더 줘, 더 달란 말이야."란 말은 아마도 아이의 입에서 가장 빈번하게 나오는 말일 것이다. 특히 크리스마스 때에 어린아이들을 보고 있노라면 재미가 있다. 그들은 크리스마스 아침이 되면 몇 주 동안 트리 밑에 있던 선물을 풀어 봐도 된다는 허락이 떨어질 때까지 쳐다본다. 그리고는 선물을 하나하나 풀어 본다. 선물을 하나씩 뜯으면서 느끼는 즐거움조차 누리지 못한다. 그리고 맨 마지막 선물을 풀고 난 후에는 모든 것이 끝난 것을 알고는 울어 버리기 마련이다. 크리스마스는 끝이 났다. 그러나 그들은 더 많은 선물을 원했다. 크리스마스가 되기 몇 주 전부터 그들은 실제 크리스마스 선물이 그들에게 주게 될 만족감보다 훨씬 더 많은 것을 기대했었다. 인생에서 가장 외로운 순간은 자신이 어떤 일의 마지막 단계라고 생각되는 지점에 도달했다고 느끼는 때라고 하며 이러한 감정은 사람을 낙심시킨다. 우리는 나이가 들수록 이런 어린아이 때의 기질로부터 성장할 수 있는가? 절대로 그렇지 못하다는 것이 분명하다. 우리는 남보다 더 빨리 달려 나아가기를 원하고, 더 강하고, 더 인색해지고, 더 부자가 되고 싶어한다. 우리는 더 많은 권력을, 더 많은 자유를, 더 많은 안정을, 더 많은 삶의 유연성을 갖고 싶어한다. 간단히 말하면, 인간이란 더 많은 것을 소유하기 위해 울부짖는 사람들이다!

16살인 나 역시 더 많은 것을 소유하기 위해 누구보다도 큰 소리로 울부짖었다. 경건한 크리스천 부모 밑에서 태어난 7명의 아이들 중 중간에 있는 나는 기도하는 것과 성경 읽는 것이 일상적인 일이며 또 칭찬받는 일이기도 한 그런 분위기에서 자라났다. 나는 하나님이 누구신지 알고 있었으며 그가 또한 자기 아들을 이 세상에 보내어 죄인들을 위하여 십자가에 죽게 하신 것도 알았다. 그러나 나는 더 많은 것을 원했다. 가족들이 내게 특별한 관심을 가져 주기를 원했고 내 말을 들어 주기를 원했다. 식구가 많은 가정에서 관심과 주목의 대상이 된다는 것은 어려운 일이었다. 그래서 나는 '나의 모든 열망을 하나님께 드리는' 대신에 세상으로 향했다. 나는 고등학교를 다니다 그만두었고, 집에서 쫓겨났으며 나 자신을 만족시킬 것이라고 생각되는 방법으로 살기 시작했다. 나는 자유를 갈망했다. 그러나 6년이 지난 후에야 비로소 내가 갈망했던 소위 자유라는 것이 나를 노예로 만들었다는 것을 깨달았다. 욕망과 나쁜 습관의 노예가 된 나는 급속히 피괴되어 가고 있었다. 정력적으로 만족을 찾고 있었지만 실제로는 얼마나 만족스럽지 못하게 되어 가고 있는지 깨닫지 못하고 있었다. 나는 21살이 되었을 때 16살이었을 때보다 더 채워지지 못하는 갈망하는 마음을 갖게 되었다. 세상은 나에게 거짓말을 했다. 권력도, 즐거움도, 인기도 그 어느 것도 내가 기대했던 방법으로 나를 만족시키지 못했다. 나는 공허했다. 그리고 외로웠다. 그래서 16살이었을 때 했어야 할 일을 21살이 되어서 비로소 하게 되었다. 나는 하나님께로 돌아갔다. 나는 완전히 망가져 있었으며 절대적인 수리가 필요했다. 나를 조성하시고 설계하신 창조주 하나님 외에 그 누구에게로 돌아갈 수 있단 말인가?

무릎 꿇고 하나님께 용서를 구하였을 때 나는 플로리다에 있는 디어필드 아파트에 혼자 있었다. 하나님께 나를 변화시켜 주실 것을 기도했다. 나는 그날 내 삶을 예수님께 다시 한 번 헌신했고 그 후 몇 주가 지나서 주일 아침 예배에 참석했을 때 공중 앞에서 고백을 했다. 몇 주 전의 내 참회의 기도를 모르고 있었던 온 가족은 내가 내 여자 친구의 손을 붙잡고 이층 발코니로부터 강단 앞으로 걸어나갔을 때 너무나도 감사해했다.

기억나지는 않지만 내 어머니는 내가 어린아이였을 때 예수 그리스도를 영접하도록 인도해 주셨다. 아파트에서 기도를 드린 후 최근의 기도를 드리기까지 이미 구원을 받았었는가 하는 문제를 생각해 보았다. 그리고는 내가 어린아이였을 때가 아니라 지금 21살이 되어서야 비로소 크리스천이 되었다고 진심으로 믿게 되었다. 내가 크리스천이었다면 어떻게 지난 6년과 같은 세월의 삶을 살 수 있었을까? 그러나 나는 곧 하나님의 본질을 깨닫기 시작했다. 당신의 백성들에게 베푸신 성실하심과 언약은 내가 이해할 수 있는 범위를 넘어섰다. 내가 하나님께 불순종했던 그 시간에도 나는 결코 하나님 믿는 것을 중지하지 않았다. 사실 생각해 보면 내가 하나님께 필사적으로 부르짖던 때는 바로 내가 불순종하던 그 시간이었다. 그리고 그때 하나님께서 나와 무척 가까이 계셨음을 깨닫고는 놀라움으로 압도되었다. 과연 불순종하던 그 시간에 나는 하나님에 대한 나의 확신을 잃어버렸었던가? 절대로 아니었다. 나는 결코 구원을 잃어버린 적이 없었다. 나의 구원은 내가 어린아이 때 기도했을 때부터 보장되어 왔다. 그리고 그것은 나의 성실함 때문이 아니고 하나님의 성실하심 때문이다.

말할 필요도 없이 지금의 내 생활은 무척 달라졌다. 내가 지금까지 목표로 삼고 살아왔던 것들이 더 이상 중요하지 않게 생각되었고, 이제 내가 갈망하는 것들은 전에 도망쳐 나와 버리곤 했던 그 일들이었다.

하나님은 내가 관심을 가져야 할 대상을 바꾸어 놓으셨다. 난생 처음으로 만족감을 느꼈다. 나는 완전히 온전해졌음을 느꼈다. 하나님께서는 강단 앞으로 손잡고 같이 걸어간 그녀와의 결혼을 허락하심으로써 나를 축복하셨다. 그리고 우리에게는 이제 두 명의 소중한 아들이 있다. 하나님은 나로 하여금 당신의 진리의 말씀을 가지고 사람들에게 나아가고 싶어하는 열망을 갖게 하셨으며, 그 열망은 나를 개조하였고, 개조된 나의 삶은 탕자를 가진 많은 부모들에게 불가항력적 은혜의 산 증거가 되게 하셨고 또 이들을 위하여 목회의 길을 걷게 하였다.

하나님께서 나에게 가르쳐 준 가장 중요한 진리는 오직 그분만이 우리의 기쁨과 평화에 대한 영원한 갈망을 만족시키실 수 있다는 것이다. 우리는 어리석게노 ㅗ 만족을 하나님이 아닌 다른 어떤 것이나 어떤 사람에게서 찾으려고 한다. "주께서 생명의 길로 내게 보이시리니 주의 앞에는 기쁨이 충만하고 주의 우편에는 영원한 즐거움이 있나이다"(시 16:11).

그렇다. 우리의 탕자는 돌아왔다. 나는 너무나 감사했다. 엄마인 내가 하나님의 길에서 벗어나, 뒤로 물러서서 그의 은혜가 임하시는 것을 볼 수 있다니 이 얼마나 큰 특권인가? 그러나 탕자가 돌아오기를 성실하게 기도하며 기다리는 모든 엄마들, 부인들, 아버지들 혹은 남편들의 울부짖는 가슴마다 다 대답을 받는 것은 아니라고 생각할 때에 마음이 찢어지는 것 같았다. 최소한 이 땅에서는 아무런 답을 받지 못한다는 사실을.

성 어거스틴의 어머니 모니카는 살아서 불순종한 아들에 대한 자기의 기도가 응답되는 것을 보았다. 그녀가 천국으로 첫발을 내디뎠을 때 느꼈을 기쁨과, 그녀의 아들이 주님을 위해서 한 일들과 그가 나중에 이루게 될 모습이 그녀에게 보였을 때의 기쁨을 상상할 수 있겠는가?

내 남편인 스티븐은 '인내'란 완성된 것을 바라보는 믿음이라고 말한다. 미국의 예술가인 앤드류 와이드는 예술가로서 제일 화가 날 때는 그의 작품이 아직 완성되지도 않았는데 평가받는 것이라고 말했다. 만일 당신에게 아들이나 딸, 남편이나 아내, 아버지나 어머니 등 영적으로 방황하는 탕자가 있다면 인내심을 가지고 끈질기게 기도하라. 용기를 가져라! 그리고 하나님께서는 아직 그의 일을 끝내지 않으셨다는 것을 기억하라.

우리는 이 땅에서 전체적인 화면을 볼 수는 없다. 내 친구 린다는 언젠가 자신의 아들을 만나, 하나님께서는 우리가 보지 못하는 곳에서 모든 것을 궁극적으로 선하게 만드신다는 사실을 아들과 함께 기뻐할 것이라는 믿음과 신뢰를 가지고, 하나님이 허락하신 하루하루를 살아가고 있다. 이 땅에서 우리가 마땅히 해야 할 만큼 신실한 믿음으로 성실히 살아간다면, 하나님은 큰 기쁨으로 우리의 신실함을 영원한 생명으로 보상하실 것이다. 어느 날 휘장은 걷힐 것이고, 모든 문제들은 답을 얻을 것이며, 믿음은 보상받을 것이다. 하나님은 결코 우리를 실망시키지 않으실 것이다.

그러니 용기를 갖고 결코 희망을 잃지 말아라. 그리고 계속적으로 위에 계신 하나님을 바라보아라.

요즘에 나는 교회에서 튤리안의 뒤에 앉는다. 그는 자기의 팔로 젊은 아내의 어깨를 두르고 "지키시는 자"라는 찬송가 가사를 듣고 있었다. 거의 끝 부분을 듣고 있었다. "진실로, 하나님은 당신을 지키시네… 그는 졸지도 아니하시고… 그는 너의 출입을 지키시네"(시 121편). '그렇습니다. 주님께서 튤리안을 지켜 주셨습니다.' 나는 튤리안을 쳐다보았다. 그도 역시 눈물을 감추려고 애쓰고 있었다.

– 지지(Gigi)

후기

5년 전 나는 코너에 있는 바로 이 침대에 누워 있었다.

늦은 밤이었다. 나는 책을 읽느라고 깨어 있었다.

갑자기 파란 불빛이 다가오고 있는 것을 보았다. 나는 그저 지나가는 차겠거니 했다. 그러나 그들은 내 딸의 집 쪽으로 돌아 들어갔다. 그리고 나는 계속해서 문을 두드리는 소리를 들었다. 나는 문으로 가서 이 집이 튤리안의 집인지 물어 보는 두 명의 경찰관을 만났고 재빨리 잠들어 있는 튤리안의 부모를 데려오겠노라고 대답했다.

나는 빨리 내 방으로 돌아왔다. 어찌된 영문인지는 모르지만 튤리안이 다시 문제를 일으켰다. 나는 튤리안의 부모가 경찰관과 이야기하고 있는 동안 기도했다.

빠르게 지나간 5년이었다. 이제 튤리안은 결혼을 했고 두 아들의 아빠가 되었으며 목회자가 되기 위하여 신학교에서 공부하고 있다.

그의 장인은 59살인데 혼수 상태에 빠져 죽어 가고 있다. 튤리안의 젊은 아내 킴은 크리스천이 된 지 얼마 지나지 않은 죽어 가는 아버지 옆에 앉아서 혼자 노래하고 있었다. 나중에 튤리안이 그녀에게 물어보았다. "여보, 아버지에게 무슨 노래를 불러 드리고 있지?" '놀라운 은혜'를 찬송하고 있었어요."라고 그녀는 대답했다. 그렇다. '놀라운 은혜' 이다.

– 루스 벨 그래함

탕자를 사랑하는 사람들을 위하여

실패와 좌절은 우리를
더 유익하게 한다

아서 크리스토퍼 벤슨(Arthur Christopher Benson)은 그의 저서 『러스킨의 삶에 대한 연구』에서 다음과 같이 말했다.

"우리의 실패와 좌절이 부끄러움과 자책으로 우리의 삶을 낭비하게 하고, 또 우리의 생명과 기력을 쇠하게 했을지라도, 어떤 면에서 우리가 겪은 실패와 좌절들이 우리에게 유익을 준다는 신념이 없는 신앙은 아무런 생명력도 소망도 가질 수 없다."

 하나님의 자비는 광대하시네

하나님의 자비는
바다의 넓음같이 광대하시네.
하나님의 심판은 너그러우시며
자유보다 더욱 귀한 것일세.

죄인을 용납하시며
의인에게는 더 큰 은혜를 베푸시네.
구세주에게는 자비로움 있네.
보혈의 피 속에는 치료하심이 있네.

저 위 하늘에서보다
이 땅에서의 슬픔이
더 많이 감찰되는 곳은 없네.
저 위 하늘에서보다
이 땅에서의 실패가
너그러운 심판을 받는 곳은 없네.

흘리신 보혈에는
한량 없는 속죄하심 있네.
머리 되신 그리스도의 아픔 속에

모든 택한 자들의 즐거움이 있네.
하나님의 사랑은 크셔라.
우리가 측량할 수 없네.
영원한 그분의 가슴은
가장 친절한 것일세.

우리의 사랑이 어린아이 같다면
우리는 말씀으로 그분을 영접할 수 있으리.
그리하면 우리의 삶은
하나님의 은총으로 해같이 빛나리.

― 페이버 (F.W. Faber)

나에게 더 많이 말해 주세요

    자녀들을 훈련시키는 시기는 대체로 그들이 어렸을 때이다. 아이들이 십대가 되면, 거의 대부분의 경우 우리는 그냥 조용히 앉아서 그들의 이야기를 들어주어야 할 필요가 있다. 그 나이가 되면 그들은 우리가 자기들에게 무엇을 기대하고 있는지를 알고 있다. 그러나 그들은 누군가가 와서 자기들에게 무엇인가를 물어 봐 주기 원한다. 이런 경우 우리는 다소 불편을 느낄 때가 있다. 특히 그 아이가 주로 올빼미같이 밤에 활동을 한다거나, 우리가 재미있는 책이라도 읽는 중이라면 더욱 그렇다. 그러나 개의치 말아라. 억지로 눈을 뜨고 있어야 할지라도 여러분 자신을 편안하게 침대에 눕히고 읽던 책을 덮어라. 여러분들이 무엇을 하고 있었을지라도 아이를 위해 중지하라.

    당신과 이야기하고 싶어하는 십대의 자녀가 있으니 이 얼마나 다행한 일인가. 관심을 갖고 이야기를 들어주어라. 절대로 논쟁을 벌이지 말고 그저 들어주어라.

자녀를 위한 기도 

"거룩하신 아버지여 내게 주신 아버지의 이름으로 … 내가 비옵는 것은 저희를 세상에서 데려가시기를 위함이 아니요 오직 악에 빠지지 않게 보전하시기를 위함이니이다… 저희를 진리로 거룩하게 하옵소서 아버지의 말씀은 진리니이다 … 또 저희를 위하여 내가 나를 거룩하게 하오니 이는 저희도 진리로 거룩함을 얻게 하려 함이니이다 … 아버지여 내게 주신 자도 나 있는 곳에 나와 함께 있어 아버지께서 창세 전부터 나를 사랑하시므로 내게 주신 나의 영광을 저희로 보게 하시기를 원하옵나이다"

– 요한복음 17:11-24

기도할 때에 다음과 같은 것을 기억하라.
1. 하나님의 사랑은 우리가 가장 좋은 것을 소유하기를 원하신다.
2. 하나님의 지혜는 어떤 것이 우리에게 가장 좋은 것인지를 알고 계신다.
3. 하나님의 능력은 그것을 이룰 수 있도록 하신다.

– 윌리엄 바클레이(William Barclay)

그리고 그가 우리의 기도에 응답하시는 방법에 관해서는 절대로 불평하지 마라.

광풍이 불었네

크고 강한 바람이 불었네.
바람 후의 지진도 지나갔네.
다음으로 불이 있었네.
몸을 웅크리고 두려움에 싸여
그는 서 있었네.
번제물이 타 없어지는 것을 보려고.

그러나
하나님은 그 가운데 안 계시네.
그리고 세미한 음성으로 말씀하시네.
― 귀를 기울이라.

― 열왕기상 19:3-13을 읽고

우리의 실패들

콜린 에반스(Colleen Evans)는 그녀의 도전적인 작품 『사랑을 시작하며』(*Start Loving*)에서 그녀에게 보낸 한 친구의 편지 내용을 인용했다.

우리의 실패들, 특히 이것이 우리의 사랑하는 자녀들의 삶에 영향을 주었을 때 가장 견디기 어렵다. 나의 두 자녀가 성년의 세계로 발을 들여놓았을 때 그들의 삶 가운데 아름다운 일들을 많이 볼 수 있었다는 것은 참 즐거운 일이었다. 그러나 그들의 마음속에 존재하고 있는 욕망과 투쟁의 영역들이 어느 정도는 우리의 실패로 말미암은 것임을 아는 것은 참으로 가슴 아픈 일이다.

그러나 하나님께서는 자신의 독특한 목적을 이루시기 위해서 한 남자와 한 여자를 만드시고 이러한 점조차도 이 독특한 목적을 달성하기 위한 '모든 것' 중 한 부분을 이룬다고 내 친구는 나에게 일깨워 주었다.

그래서 과거에 실패했던 생각이 나의 의식 가운데로 물밀듯 밀려올 때, 나는 주님께서 완전하게 용서하셨음을 믿음으로써 후회하는 모든 마음을 지워 버린다. 그리고 우리를 있는 그대로의 모습으로 받으시고 너그러운 마음으로 우리를 더 나은 모습으로 만들어 가시는 하나님을 찬양하기 시작한다.

그리고 그 책에는 다음과 같이 쓰여 있다. "그분
은 우리가 혹은 우리의 자녀들이 지금 완성된 작품
이기를 기대하지 않는다."

하나님의 사랑

내 영혼 이제 깨어서 구주를 찬송하여라.
나 찬송하는 제목은 그 사랑하심 한없다.
사랑하심 사랑하심 그 사랑하심 한없다.

나 죄에 빠짐 보시고 이처럼 사랑하셔서
죄에서 건져내시니 그 사랑하심 크도다.
사랑하심 사랑하심 그 사랑하심 크도다.

이 세상 근심 걱정이 내 길을 가로막을 때
죄에서 건져내시니 그 사랑하심 크도다.
사랑하심 사랑하심 그 사랑하심 크도다.

큰 구름같이 고생이 날 둘러 에워쌀 때에
주 나와 같이하시니 그 사랑하심 한없다.
사랑하심 사랑하심 그 사랑하심 한없다.

– 사무엘 메들리

* * *

위튼 칼리지를 다니는 동안, 내 룸메이트인 킴벌리
롱(Kimberly Long, 위코프 Wyckoff)과 나는 아침에 캠

퍼스로 이어진 여섯 블록 되는 길을 걸으면서 "하나님의 사랑"이라는 찬송을 부르곤 했다. 저녁 때 집으로 돌아올 때에는 "오 신실하신 주"를 온 마음을 다해 불렀다. 우리가 아침저녁으로 찬송을 부르게 된 그 아이디어는 시편 92편 2절 말씀에서 발견하게 되었다. "아침에 주의 인자하심을 나타내며 밤마다 주의 성실하심을 베풂이 좋으니이다."

오 신실하신 주

오 신실하신 주 내 아버지여 늘 함께 계시니 두렴 없네
그 사랑 변챦고 날 지키시며 어제나 오늘이 한결같네
오 신실하신 주 오 신실하신 주 날마다 자비를 베푸시며
일용할 모든 것 내려 주시니 오 신실하신 주 나의 구주.

봄철과 또 여름 가을과 겨울 해와 달 별들도 다 주의 것
만물이 하나로 드러낸 증거 신실한 주 사랑 나타내네
오 신실하신 주 오 신실하신 주 날마다 자비를 베푸시며
일용할 모든 것 내려 주시니 오 신실하신 주 나의 구주.

내 죄를 사하여 안위하시고 주 친히 오셔서 인도하네
오늘의 힘 되고 내일의 소망 주만이 만복을 내리시네
오 신실하신 주 오 신실하신 주 날마다 자비를 베푸시며
일용할 모든 것 내려 주시니 오 신실하신 주 나의 구주.

– 토머스 키숌(Thomas O. Chisholm)

맡겨진 일을 다하는 것은 우리의 의무이고, 행사를 주관하시는 분은 하나님이시다

맡겨진 일을 다하는 것은 우리의 의무이고, 행사를 주관하시는 분은 하나님이시다. 우리가 행사 자체에 끼여들어 간섭을 하거나 하나님의 섭리를 마치 우리의 노력으로 얻어진 것처럼 생각을 한다거나 "하나님 이렇게 하실 것입니까? 아니면 저렇게 하실 것입니까?"라고 말하기 시작한다면 우리는 하나님으로부터 신뢰를 잃어버리게 된다. 우리는 그런 문제와는 아무런 관계가 없다. 우리는 전능자로 하여금 당신의 영역을 다스리도록 해야 하며 그의 뜻대로 움직이시도록 해야 한다. 우리가 '어떻게 하나님으로부터 허락을 받을 수 있는가'의 문제와 '어떻게 우리의 연약한 영혼의 짐을 전능하신 하나님께로 굴려 보낼 수 있는가'의 문제를 아는 것 외에 우리에게 남아 있는 것은 아무것도 없다. 이렇게 한 후 일이 잘못 되었다면 그것은 우리의 죄도 아니며, 우리의 십자가도 아니다.

— 사무엘 러더퍼드(Samuel Rutherford)

두려운 일입니다

살아 계신 하나님
당신의 손에 붙잡힌 바 되는 것은
참으로 두려운 일입니다.
그러나 이제 나의 모든 것을
당신에게 내어놓아야 합니다.
당신의 지팡이와 막대기가
필요로 하는 모든 심령들을
안위하실 뿐 아니라
잘못된 길로 들어선 다리를
부러뜨리기도 하시도록 기도하는 마음으로.
그러나 간구합니다.
"저를 위하여
이 어린아이를 너그러이 대하소서."

히브리서 10:31

시편 23

사무엘하 18:5

1980년 8월 3일

나의 양 떼를 살피소서

다른 목자들처럼

나의 양 떼를 밤에도 잘 지키도록 도우소서.

한 마리의 양이라도

잘못된 길로 가지 않도록

모든 양의 필요와

모든 양의 상처와

모든 양의 연약함과

모든 양의 질병을 감찰하게 하소서.

다른 목자들이 다 잠들 때에도

나는 기도하도록 가르치소서.

배고프고 교활한 늑대와 사자가

밤에 길 잃고 상처 난 양을

먹으려고 찾아다니며

울부짖을 때

하나님, 나의 근심하는 마음을

평온한 즐거움으로 진정시키소서.

위대하신 목자장께서

밤에도 나와 더불어

나의 양 떼를 지키시기에.

1978년 1월

하나님은 우리의 탄식을 들으신다

소망의 시간들은 더디 온다.

– 존 트랩, 잠언 13:12

"여러 해 후에 애굽 왕은 죽었고 이스라엘 자손은 고역으로 인하여 탄식하며 부르짖으니 그 고역으로 인하여 부르짖는 소리가 하나님께 상달한지라 하나님이 그 고통 소리를 들으시고 아브라함과 이삭과 야곱에게 세운 그 언약을 기억하사 이스라엘 자손을 권념하셨더라"

– 출애굽기 2:23-25

의문이 제기된다. 바로 왕이 살아 있을 때 이스라엘 백성들은 수고하며 일하면서 고통받았다. 그렇다면 바로 왕이 죽은 후에 왜 그들은 탄식하였을까? 랍비 맨체스터 맨델(Manchester Mandel)은 이렇게 대답한다. 바로 왕이 죽기 전에 그들에게는 탄식조차 금지되었었다라고.

– 엘리 위즐(Elie Wiesel)

그러나 하나님이 자기 백성을 애굽으로부터 자유의 땅으로 인도하라고 모세를 그들에게 보내신 것은 40년이 지난 후였다.

나는 달이 바뀌고 해가 바뀌도록 밤낮으로 기도해 왔다. 하나님이 듣지 못하시는 것일까? 아니면 하나님께서 냉담히 계신 것일까?

아니다. 하나님은 분명히 이유가 있다.

그는 사랑하는 탕자의 마음속에 이루어 놓으실 어떤 것이 있으며, 나의 마음에도 이루기 원하시는 그 어떤 것이 있다.

기도는 심지어 우리가 죽은 후에 응답되기도 한다.

신앙심 깊은 아버지와
잘못된 길로 나간 세 아들

한 신앙심 깊은 아버지가 잘못된 길로 빠져 버린 자신의 세 아들을 위해 평생을 기도했다. 그는 임종하려 할 때 이상하게도 영원한 생명에 관하여 절망과 의심으로 괴로워하며 운명했다. 장례식 다음 날 세 아들은 자신들의 아버지에 대해 이야기했다.

"그토록 신앙심이 깊은 아버지가 그런 고통을 겪으면서 돌아가셨다면, 우리의 마지막 순간은 도대체 어떻게 될까?"라고 한 아들이 말했다.

결국 세 명 모두 다 하나님께로 돌아갔다.

– F. W. 보어햄의 『탕자』에서 읽음

우리는 아직 만물이 저에게 복종한 것을 보지 못한다. 그러나 우리는 예수를 본다.

– 히브리서 2:8-9 참고

나를 믿음에 굳게 잡아매소서

나의 하나님,
당신께서 피 값을 치르신 그녀를
내게 돌보라고 맡기셨습니다.
나로 이리저리 헤매지 않도록,
그리고 그녀로 떠나가지 않도록,
믿음에 나 자신을 굳게 붙잡아 맬 수 있는
힘을 주소서.
그녀를 살리시기 위하여
당신께서 죽으셨음을 잊지 않도록
―장엄하고 절박한 말씀이여!
다른 것들로
나의 가치관이 흔들리고
흐려지거나 완전히 파괴될 때
나를 건지시사 깨끗케 하시고
모든 힘과 모든 목적을
오직 하나로 향하게 하소서.
하나님을 기쁘시게 하는 일을
행하도록 가르치소서.
오! 하나님,
나를 샛길로 빠지게 하는
방해물을 제하소서.

결단코 다른 길로 벗어나지 않고
오직 그리스도께서 걸어가신 그 길을
나도 걸어가게 하소서.
그리스도께서 피 흘려 죽으신 그녀가
길을 잃어버리지 않도록.

– 에이미 카마이클(Amy Carmichael)

교회의 성도들을 위한
어느 주교의 기도

(자녀를 위한 어머니의 기도로 인용함)

선한 목자 예수님,

이들은 나의 것이 아니라 당신의 것입니다.

왜냐 하면 내가 내 것이 아니고

당신의 것이기 때문입니다.

당신의 지혜로 그들과 나를 창조하셨습니다.

그리고 당신의 죽으심으로 우리를 구원하셨습니다.

그러므로 우리는 당신의 것입니다.

선하신 주님이시여, 우리는 당신의 것입니다.

지혜로 우리를 조성하시고

우리를 사랑하시사 너무도 큰 대가를 치르시고

사신 바 되었습니다.

그들을 내게 맡기셨으니

당신께서는 나와 그들을 버리지 않으실 것입니다.

당신은 그들을 내게 맡기셨습니다.

나는 나와 그들을 당신께 드립니다.

양 떼도 당신 것이며 목자 된 나도 당신의 것입니다.

당신의 양 떼와 이 목자의 목자가 되시옵소서.

당신께서는 무지한 어머니와

장님 된 지도자와 실수하는 통치자를 세우셨습니다.

그 어머니에게는 당신께서 정하신 것을 가르치시고

그 지도자에게는 당신께서 가리키는 곳을 가게 하시며

그 통치자에게는 당신께서 허락하신 것을

통치하게 하소서.

당신에게 기도합니다.

내가 마땅히 가르쳐야 할 바를 가르쳐 주시고

내가 마땅히 가야 될 길로 인도하게 하시고

내가 다른 사람들을 다스릴 수 있도록 나를 다스리소서.

아니면 그들을 가르치시고,

저들을 통하여 나로 배우게 하시며

저들을 인도하시고, 저들과 함께 나를 인도하시며

저들을 다스리시고 저들 가운데 나도 다스리소서.

– 앤슬림(Anselm)(1033~1099), 캔터베리의 대주교
베네딕타 와드(Benedicta Ward)가 번역,
루스 벨 그래함이 어머니들을 위해 인용.

"나로 건너가게 하소서"라는 모세의 기도

"구하옵나니 나로 건너가게 하사 요단 저편에 있
는 아름다운 땅, 아름다운 산과 레바논을 보게
하옵소서 하되 여호와께서 너희의 연고로 내게
진노하사 내 말을 듣지 아니하시고 내게 이르시
기를 그만해도 족하니 이 일로 다시 내게 말하지
말라"

– 신명기 3:25 - 26

2,000년이 지난 후,
"때에 모세와 엘리야가 예수로 더불어 말씀하는
것이 저희에게 보이거늘"

– 마태복음 17:3

하나님께서는 당신의 시간과 당신의 방법으로
기도에 응답하신다.

"사랑하는 자들아 주께는 하루가 천 년 같고 천
년이 하루 같은 이 한 가지를 잊지 말라"

– 베드로후서 3:8

주님, 더욱 어려운 일입니다

하나님,

제 생각에는

나의 걱정을 당신에게 맡기는 것보다

내 사랑하는 아이들의 걱정을

당신에게 맡기는 것이

더 어려운 일인 것 같습니다.

우리는

점점 나이를 먹어 가며

마침내 깨달았습니다.

당신께서는

은혜로우시며 신실하신 분이심을.

단 한 번도

나를 실망시킨 적이 없으셨습니다.

그런데 당신께서 내 사랑하는 아이들을

실망시키실 것이라고 왜 걱정할까요?

1976년 1월

6장 그 밖의 상념들

야곱과 씨름하신 하나님께 기도하리

나는 기도하리
"새벽까지 야곱과 씨름하신 하나님께."
당신께서 놓아 달라고 말씀하셨을지라도
그는 당신이 누구신지 알았기에
당신께서 가시게끔 하지 않았던 것일 겁니다.
"나는 당신께서 가시도록 하지 않을 것입니다."
라며 축복 내리시기를 간구하면서.

오! 야곱의 하나님이시여!
그 옛날
속이고 빼앗은 자를
변화시키는 방법을 아시는
하나님,
이제 내가 기도드리오니
내 아들의 삶을 인도하소서.
비록 주께서 행하신 일로
다리를 절게 된다 할지라도.

—창세기 32:24-31 참조

죄악의 끔찍한 상속

하나님께서는 값없이 주시는 은혜의 선물로 우리의 수고와 노력을 완전하게 하시며 이러한 선물은 여러 모양으로 우리에게 주어진다. 크리스천들은 대부분 이 값없이 주어지는 은혜의 선물을 받는 경험을 하게 된다. 그러나 위안이 없고 낙이 없이 허전한 마음을 용감하고 고통스러운 노력을 통해서만 극복할 수 있는 영혼들도 있다.

아마도 아버지가 가지고 있던 어떤 끔찍한 죄의 유전이 아들에게서도 나타나기 때문일 것이다. 이 아들은 자신의 삶의 목적을 온전하게 하기 위해서 끊임없이 쓰러지고 일어나고 다시 쓰러지는 일을 반복하게 된다. 하나님과 인간 사이에 존재하는 화평의 순간이 그에게는 결코 오지 않을 것 같이 보인다. 그는 그가 쏟는 것과 같은 노력은 단 하루도 참아내지 못할 수천 명의 겉만 번지르르한 사람들보다 자신이 더 부도덕하다고 느낄 수 있다.

시온으로 얼굴을 향하고 영원하신 하나님의 품안에 계속 거하면서도 날마다 분투하며 쓰러시고, 또 쓰러지며 분투해야 하는 사람들에게 주어지는 고통의 십자가와 면류관이 여러분과 나에게는 주어지지 않았다. "이들에게 주는 어머니의 위로는 그들의 상처를 치유하게 될 것이다."

– 줄리아나 호레이시아 유윙
(Juliana Horatia Ewing)

살인자

죄는 언제나 때묻지 않은 순결한 사람에게 영향을 끼친다.

만일 여러분에게 사랑하는 탕자가 한 명이라도 있다면, 여러분은 이 세상의 모든 탕자들을 사랑하게 될 것이다.

은혜로우신 하나님께서는 우리가 살아 있는 동안에 그들을 하나님께로 돌아오도록 하셨다. 우리는 그들이 하나님을 위해서—하나님의 영광과 기쁨을 위하여 계속적으로 하나님을 떠나지 않기를 기도한다.

그렇지만 우리 주변에는 아직도 멀리서 방황하고 있는 탕자들이 많이 있다. 그들에게 나는 다음과 같은 성경 말씀을 주고 싶다.

"가로되 우리 열조의 하나님 여호와여 주는 하늘에서 하나님이 아니시니이까 이방 사람의 모든 나라를 다스리지 아니하시나이까 주의 손에 권세와 능력이 있사오니 능히 막을 사람이 없나이다"(대하 20:6).

나는 온화하고, 총명하며, 예리한 영혼을 소유한 어떤 사람을 얼마 동안 알고 지냈었다. 그는 하나님을 사랑하는 사람이었다.

몇 년 후, 어느 참혹한 날 그는 마약과 관련되어
자신의 가장 친한 친구를 살해했다. 감옥에 있는 그
를 방문하면서, 나는 그가 깊이 참회하고 있다는 것
을 알았다. 나는 그를 대신하여 시 한 편을 지었고,
그를 위하여 기도하는 또 한편의 시를 지었다.
나는 그가 지금 어디 있는지 모른다.

살인자의 기도

하나님,
모든 관습과 전통을 뛰어넘어
당신의 진리가
나타나는 것을 보게 된다면
그렇다면
나는 내가 처한 이곳에서
당신의 얼굴을 찾을 수 있을 것입니다.
그리고는 당신의 은혜로
치료받게 될 것입니다.

이제 고백하옵는 것은
당신께서는 오래도록
내 자신의 죄,
오직 나 혼자만의 죄가
자라나고 있었던 것을
— 엄청나게 잘못된 일임을
인지하며 아셨습니다.
그리고 그 죄는 저 들판의 거친 독 넝쿨과도 같이
다른 사람의 삶을 내 삶으로
휘감았습니다.

'지금 나의 모습이'
다시 한 번 나를 확신시킵니다.

당신 외에 그 어느 누구도
이 환경에 처한
영혼을 받아들일 수 없다는 것을.

갈보리까지 걸어가시고
사죄의 엄청난 대가를 아시는 주님만이
사탄과 그의 무리들에게
온전히 이루신 공의를 보여 주실 수 있으십니다.

십자가의 힘으로
사탄의 올무를 물리치고
자유함을 얻은 나는
무릎 꿇고
당신께서 승리하신 것을
자랑합니다.

삶 가운데
나의 죄악으로 인해 상처받은 모든 이들을
특별히 당신께서 도와주실 것을
간구합니다.
이들을 위하여 당신께 기도드립니다.

1977년 4월 5일

살인자를 위한 기도

하나님,

나는 그를 당신의 손에 맡깁니다.

당신께서는 자비로우시고 공의로우십니다.

이 엄청난 일로 인한 공포로 무감각해지고

고약한 냄새로 마비되어 있는 그는

당신께 기도하는 법을 알아야 합니다.

그런데 당신께서는 계속 침묵하십니다.

그리고 그로 인해 저는 마음이 아픕니다.

그 누가 무슨 말을 할 수 있을까요?

그는 당신의 아들이었습니까?

그렇다면

당신께서는

무엇을 하셔야 할지 아실 것입니다.

너무도 어두운 절망 가운데 있기에

그는 자신의 지은 죄가

모든 자비의 한계를 넘어서서

고침을 받지 못할까 두려워합니다.

그가 범한 죄악은

이미 저질러진 것입니다.

어떠한 기도나 어떠한 회개나

그 어느 것도 그 끔찍한 일을 저지르지 않은 것같이

돌이키지는 못합니다.
그래도 그는 당신의 아들입니다.
그래서 나는 간구합니다.
하나님,
그로 하여금 저 멀리 완전하며
모든 것을 깨끗케 하시는
당신의 갈보리 십자가를
바라보게 하소서.

1976년 5월 31일

광야는 방황하는 사람에게
더욱 나쁜 곳이다

세상과 육체와 마귀에게 굴복한 사람들은 자신이 지은 죄로 말미암아 이 세상을 더욱 세상적으로 육신적으로 마귀적으로 만든다. 이렇게 된 세상은 거친 광야와도 같이 방황하는 사람들에게 더욱 나쁜 환경이 된다.

— F.W. 보어햄의 『푸른 초장』 중에서

가난하고 곤핍한 죄인들이여, 오라!

가난하고 곤핍하며
연약하고 상처받고
병들어 고통받는 죄인들이여,
오라!
예수께서 너희들을 구하시고자
서서 기다리시네.
사랑과 능력의 주께서
불쌍히 여기시며.

너희의 양심으로 머뭇거리지 못하게 하라.
훌륭한 모습으로 그 앞에 서려고 꿈꾸지도 말아라.
그분이 원하시는 너희의 모습은
오직 그분을 필요로 한다는 생각뿐이기에.

— 조세프 하트 목사

근심 가운데 뒹굴면서

우리의 마음이 여러 가지 문제들에 대한 걱정으로 가득 차 있다면 이는 우리로 약속의 말씀 가운데 거하는 것을 방해한다.

탕자 된 아들에 관해서는 많은 글들이 쓰였고 또 많이 논의되어 왔다. 그러나 그들의 부모에 관해서는 어떠한가? 이들은 아침에 잠에서 깨어 일어나면서 악몽으로부터 벗어나는 것이 아니라 악몽을 향해 가야 하는 것이다.

나는 탕자를 둔 부모들을 보아 왔다. 이들은 자신들과는 다른 입장에 있는 부모들을 용감하게 정면으로 대면하고 있다. 이 두 종류의 부모들은 모두 자신들이 옳은 길이라고 생각하는 것을 자녀들에게 행했다. 그러나 어떤 부모의 자녀들은 예수님께서 걸어가신 길을 잘 따라갔지만, 또 다른 부모의 자녀들은 진리를 거부하고 다른 길로 가 버렸다.

어거스틴의 어머니인 모니카는 자신의 총명한 아들이 하나님과 교회에 공개적으로 반항하며 '마니교'의 지도자가 되었을 때, 친구들 사이에서 스스로를 어떻게 느꼈을까? 하는 것에 대해 의문이 가기도 한다.

– (루이스 버트랜드의 『어거스틴』 참조)

그들을 바라보는 눈길을 받으며

그들은 선망의 눈길을
훌륭한 부모들에게 보내고는
움츠러든다.
훌륭한 부모는 훌륭한 자녀를 두고
그들은 … 방황하는 자녀를 가졌다.

훌륭한 부모들은
결코 자만하지도 비난하지도 않았지만
탕자 된 자식을 갖는다는 것은
자신들과는 상관없는 일이라고 생각하네.

주님,
이들로 알게 하소서.
당신과 같이 완전한 아버지에게도
고통스러운 자식들이 있음을.

조우는 오늘 밤 집으로 돌아왔네

조우는 오늘 밤 집으로 돌아왔네.

그는 그 동안 멀리 떠나 있었네.

아버지는 그 동안 그를 그리워했네.

집에서 돌아다니는 찰리보다

떠나간 조우에게 더 마음이 가는 것은

참으로 이상한 일이네.

아버지는 창문 곁에 서 있네.

밤에도 낮에도

결코 오지 않는

소식을 기다리며.

아버지가 그를 그리워하는 것처럼

조우는 아버지를 그리워하지 않네.

그는 재미있는 일로 너무 분주하네.

— 그리고 나서는 돼지 치는 일로 분주했네…

— 또한 자신의 괴로움으로 인해서…

매 순간마다

아버지는 조우를 그리워했네.

그리고 마침내

조우는 오늘 밤 돌아왔네.

늙은 아비가 소리지르고

문을 박차고 거리로 나갔네.

우리는 그들이 만나는 것을 보았네.

한 훌륭한 아버지와 한 거렁뱅이의 만남을

조우가 그토록 더러운 옷을 입다니.

믿을 수 없네.

아버지는 기쁨에 차

그를 집으로 데려오네.

찰리?

사람들은 찰리를 알고 있네.

충실하지만 불평 많은 아들인 것을

오늘도 그는 불평하고 있네.

나머지 우리들에게는?

물론! 가장 큰 기쁨이다!

추신 1: 조우가 왕복표를 가진 것이 아니라면 좋겠는데.

추신 2: 그러나 그는 왕복표를 갖고 있었네.

조우! 그대는 지금 어디에 있는가?

난파선의 한 조각

사랑하는 또 하나의 탕자 이야기이다. 그녀는 런던에 살고 있었으며 자그마하고 용기 있는 런던 토박이 비트족이었다.

그녀가 주님께로 돌아설 수 있었던 것은 한 어린 아이의 믿음 때문이었다.

그렇지만 그녀의 개인적인 뒷 배경은 아주 비참하였고—마약과 몸을 파는 직업—그 영향은 무척 강했다. 그녀는 내가 그 사실을 알기도 전에 급히 먼 지방으로 떠나 버렸다.

그녀에게는 지금 아이가 하나 있다. 그 아이 때문에 그녀는 마약을 끊었다.

"절대로 안 될 말이지요."

그녀는 런던 사투리로 말을 했다.

"내 아이를 마약과 함께 자라게 할 수는 없지요."

나는 기도하는 마음으로 그녀의 편지를 보관했다.

런던에 있을 때 마지막으로 나는 그녀에게 연락을 했고, 우리는 피자 집에서 만났다. 탕자였던 그녀는 먼 지방에서의 삶을 매우 만족해하고 있었다.

우리가 할 수 있는 일은 오직 기도뿐이다.

아마도 그녀는 그 해변으로 올 것일세 

아마도
그녀는 올 것일세
그 해변으로.
닻을 모두 올린 완전한 배를 타지 않고
오히려
부서져 내린 배의 파편을 타고
그곳에서
주님께서 거두시도록.

아마도
주님은 그 해변으로 걸어가실 것일세.
연약한 믿음과
감당할 수 없는 고통으로
그 해변으로 떠내려온 영혼들을
찾으시기 위해서.

아마도
되찾은 모든 영혼들 중에
이런 영혼들이
가장 많이
주를 받들 것일세.

1972년 런던에서

쥐엄 열매에 더 짜릿한 쾌락 있네

다시 나는 집으로 돌아왔네.
다시 좋은 것으로 먹이시고, 용서하시고, 이해하셨네.
가장 가까운 핏줄에 의해
찾은 바 되었네.

살진 암소가 나를 위하여 요리되었건만
쥐엄 열매에 더 짜릿한 쾌락이 있네.
나는 돼지들과 더욱 잘 어울리는 것 같아
다시 돼지우리로 돌아가네.

— 루드야드 키플링(Rudyard Kipling)

하나님과 고집 센 의지의 사람들 

그렇다면 하나님께서는 고집 센 사람들을 어떻게 다루실까? 특히 그 고집을 부리고 있는 사람이 사랑과 염려와 필사적인 기도의 대상이라면?

나는 이 문제에 대해 매튜 헨리가 잠언 21장 1절을 주해한 내용을 읽고 용기를 갖게 되었다. 그 말씀은 "왕의 마음이 여호와의 손에 있음이 마치 보의 물과 같아서 그가 임의로 인도하시느니라"이다.

헨리는 다음과 같이 해석했다. "하나님은 인간의 마음을 변화시키실 수 있다. 사람들이 가장 열심을 내어 집중하고 있는 어떤 것에서 다른 어떤 것으로 그 방향을 돌리실 수 있다. 이것은 마치 농부가 수로와 도랑을 이용해서 자신의 밭에서 물의 방향을 돌리는 것과 같다. 이것은 물의 본질을 바꾸는 것이 아니고 그곳에 어떠한 힘을 가하는 것도 아니다. 이와 같이 하나님의 섭리는 인간의 자유 의지의 본질을 바꾸는 것도 아니며, 거기에 어떠한 힘을 가하는 것도 아니다. 단지 우리가 갖고 있는 자유의지의 방향을 자신의 목적에 맞도록 조정하는 것이다."

탕자들이 집으로 돌아가도록
옆구리를 살짝 찌르신다

하나님은 탕자들을 집으로 돌아가도록 하시기
위하여 당신만의 독특한 방법을 가지고 있다. 대학
시절에 남성 합창단은 다음과 같은 인기 있는 노래
를 불렀었다(항상 앙코르 송을 준비했었다).

들판에 있을 말벌들의 둥지가
방 안에 놓여 있고
그 벌들에게
마음대로 날아다니도록
허락된다면
당신들은 더 이상 방 안에 있지 못하리
당신들은 기꺼이 거기에서 벗어날 것일세.

"나 여호와가 말하노라 너의 최후에 소망이 있을
것이라 너의 자녀가 자기들의 경내로 돌아오리
라"

— 예레미야 31:17

옆으로 물러설 수 있다면

옆으로 물러서서
나 대신 내 아들이
활짝 열려 있는
저 빛나는 문으로 들어가는 것을
볼 수 있다면
내 자리를 내 아들에게
대신 내어 줄 수만 있다면
하늘을 향한 얼굴에서 흘러내리는
이 눈물은
기쁨이 되련만!

* * *

"여호와여 광대하심과 권능과 영광과 이김과 위
엄이 다 주께 속하였사오니 천지에 있는 것이 다
주의 것이로소이다 여호와여 주권도 주께 속하
였사오니 주는 높으사 만유의 머리심이니이다
부와 귀가 주께로 말미암고 또 주는 만유의 주재
가 되사 손에 권세와 능력이 있사오니 모든 자를

크게 하심과 강하게 하심이 주의 손에 있나이다
우리 하나님이여 이제 우리가 주께 감사하오며
주의 영화로운 이름을 찬양하나이다"

                                         — 역대상 29:11-13에 있는 다윗

나를 의뢰할 수 있느냐, 내 아들아?

나를 의뢰할 수 있느냐, 내 아들아?

네가 알지도 못하고

간섭할 수도 없는

영생의 세계 때문만이 아니라

지금부터 죽는 날까지

남아 있는 네 인생 때문에.

타락과 고립

실패와 상처

고통과 사별과 좌절이 있는 그곳에서

남아 있는 인생의 날에

내가 너의 주인 됨이 합당하다고 믿느냐?

그렇지요, 주님.

그렇습니다, 아멘.

너는 나를 의뢰할 수 있느냐, 내 아늘아?

상상할 수 없이 복잡한 창조의 사건들을

진행시켰을 뿐만 아니라

몹시 바라기는 하지만

채워지지는 않는

욕구와 결핍들에 의해 이끌려 다니는

너의 작은 궤도에서
내가 중력과 잡아당기는 강한 힘으로
선하게 일한다는 것을 믿느냐?
너는 내가 가지고 있는 것들이
참새와 너를 먹이기에 충분하다고 믿느냐?
그렇지요, 주님.
그렇습니다, 아멘.

너는 나를 의뢰할 수 있느냐, 내 아들아?
이 세상 밖의 모든 우주 만물을
다스릴 뿐만 아니라
내가 너에게 맡기고
너는 또 나에게 맡긴
사랑하는 자녀들로 인하여
그들 가운데 착한 일을 시작한 내가
예수 그리스도가 다시 올 때까지
결국은 선한 열매를 맺게 하리라고
나를 믿느냐?
그렇지요, 주님.
그렇습니다, 아멘

앤 블록키어(Ann Blochir)

1982년 12월 3일

감사의 글

스티븐 그리피스(Stephen Griffith) 씨께서 많은 격려와 도움을 주신 것에 대해 감사드립니다. 그는 이 책과 같이 탕자들을 사랑하는 사람들에게 용기를 주는 책이 필요하다는 생각을 함께 했고, 이에 대해 그는 나처럼 고전 작품 안에 풍부한 자료들이 있음에 감사하였습니다. 그리고 그는 자료들을 잘 정리하는 데 여러 방면으로 매우 귀중한 조언을 하였습니다.

필요할 때마다, 또 그 이상으로 기꺼이 타이프를 쳐 주었던 에벌린 프리랜드(Evelyn Freeland) 양에게 심심한 감사를 드립니다. 그리고 이 개정판을 내는 데 도움을 많이 준 큰 딸 지지(Gigi)에게도 감사를 보냅니다.

빌 데카드(Bill Deckard)는 탕자들에 관한 자료를 읽어 내는 데 큰 도움을 주었습니다.

인용구나 시를 보내 준 모든 분들은 참으로 용기를 주었습니다.

이 모든 분들에게 따뜻하고도 무한한 감사를 드립니다.

주

제1장

1) 해럴드 C. 가디너의 『성 어거스틴 참회록』
    - 저자: 어거스틴
    - 번역: 에드워드 B. 푸시
    - Pocket Books 출판사 (제4판, 1951년, 뉴욕.)

2) 아우렐리우스 어거스틴의 『성 어거스틴 참회록』
    - 번역: 에드워드 B. 푸시
    - 하버드 고전 문학 전집 제 7권
    - P.F. Collier & Sons Corporation 출판사(1963년, 뉴욕.)

3) 동일 문헌.
4) 동일 문헌, p. 22.
5) 동일 문헌, p. 43.
6) 동일 문헌, p. 42.
7) 동일 문헌, p. 71.
8) 동일 문헌, p. 135-136.
9) 말콤 머저리지, 『제3의 언약』(*A Third Testament*)
    - 리틀브라운 출판사, (1976년, 보스턴), p. 29.

제 2 장

1) 존 뉴턴, "진실된 이야기", Letter 2, 『뉴턴의 작품들』
   (1849년, 에든버러), p. 3.

2) 동일 문헌, p. 4.

3) 동일 문헌.

4) 동일 문헌, Letter 7, p. 16.

5) 동일 문헌.

6) 동일 문헌, p. 18.

7) 동일 문헌, p. 16.

8) "올네이 찬송가" 제 1집, 1 Chronicles #47, 538.
   원래 제목은 "신앙의 점검과 기대".

9) 버나드 마틴, 『옛날의 뱃사람(선원): 존 뉴턴 전기』
   (드럼프라이스, 버지니아: Wyvern Books 출판사, 1960년), p. 234.

10) 윌리엄 제이, 『윌리엄 제이 전기』
   (Banner of Truth edition, 1974년), p. 271.

제 5 장

1) 스코필드 성경, 욥기 42장에 대한 주석.